文春文庫

そんな謝罪では会社が危ない

田中辰巳

文藝春秋

そんな謝罪では会社が危ない＞目次

写真提供／共同通信社

そんな謝罪では会社が危ない

身の上話などをするのは本意ではないが、本書に書きつらねる理論のルーツやベースをご理解いただくために、恥ずかしながらプライバシーの一端をご紹介しておきたい。

私の育った環境は、きわめて厳格な祖父母、絵に描いたような道楽者の父、目まぐるしく入れかわった三人の母、そして養女の姉（戸籍上は叔母）、という複雑で波乱に満ちたものだった。家業も、澱粉《でんぷん》の問屋、運送屋、反物の行商、鉄工所、といった具合に倒産・廃業を繰り返し、何度もかわった。したがって、私の周辺ではつねにトラブルが発生し、揉《も》めごとが絶えずに怒号が飛びかう毎日だった。祖父が父や姉を厳しく叱責し、父は母や私に怒鳴りちらし、母は私に泣きながら愚痴をこぼす、というのが幼いころの記憶である。

父は祖父に叱られると、寡黙になって殻に閉じこもる人だった。なんの反論もしなければ、謝罪もしないのだ。いや、できなかったというほうが正確なのかもしれない。したがって、祖父の口撃はエスカレートする一方だった。その険悪な雰囲気から逃れたくて、「なんで早く謝らないのか」と、幼心にも歯がゆい思いをいだいたものだった。

私の実母は父に怒鳴られると、弱気な態度ながらもボソッと言い訳を口にする人だった。その言い訳が的を射ていなかったので、それがまた父の怒りを煽《あお》り立ててしまうことが多かった。挙げ句のはてには、父は母に暴力をふるうことまであった。怒号と悲鳴におびえながら、「なんで余分なことを言うのか」と、幼稚園児の私ですら不思議に思った。

私の二番目の母は、父に対して敢然と反論をする人だった。頭のきれる大阪人だったから、マシンガンのように大阪弁で口答えをし、父を追いつめていった。言葉に窮した父に残された手段は、やはり鉄拳制裁のみだった。小学生だった私は暴力をふるう父を憎んでいたが、一方で「あそこまで言わなくてもいいのに」と、義母にも反感を覚えたものだった。結局、この義母とは別れの言葉をかわすこともなく離別した。

私の三番目の現在の母は、きわめて冷静で芯の強い人だ。父の理不尽な言動に屈することもなければ、火に油を注ぐようなこともしなかった。父の言葉にしっかりと耳を傾けたうえで、「どうしたら良かったの?」と静かに問い返すことが多かった。すると父は自説をまくし立てながらも、次第に己の矛盾や詭弁《きべん》に気づいていく。現在の義母が嫁いできて以来、わが家から怒号や悲鳴は消え去っていった。

こうした私の体験は、少なからず私の心に傷を残したものの、後の人生には大きく役立った。中学・高校・大学と柔道部に所属したが、武道という縦社会では師範や先輩から叱られることが多い。そんな中で、現在の義母は手本に、父と実母と最初の義母は反面教師になったのである。社会人になってからも大いに役立っている。

とりわけ、私が企業において危機管理の業務を担当するようになってからは、それが財産とまで呼ぶべきものであると気づかされた。一九八五年の十月、リクルートという会社で広報課長に就任して以来、お詫びの日々が連続するようになったからである。

当時、リクルートは日の出の勢いで急成長をつづけていたが、その一方で社会からの厳しい批判をあびはじめていた。怒濤のような営業攻勢が取引先との軋轢《あつれき》を生み、過度な成果主義が退職者をふやし、都心の土地やビルを買いあさる姿勢にマスコミの反感は日ましに高まっていったのだ。実際、社内や社外からの告発により、多くの批判記事がマスメディアをにぎわせていた。私が就任した直後の十月三日にはエール出版社から『リクルート残酷物語』が出版され、七日には日経ビジネスが「リクルート『寿命』に挑む大胆な借金経営」という特集をやった。十八日にはフォーカスに「女連れ『新財界人』たちの沖縄行」を掲載され、十一月初めには週刊ポストに「江副浩正社長に急成長体質を質す」という批判記事を書かれた。そして、十一月十日からはじまった読売新聞の「底地買いの実態」という記事により、それ以降約三カ月にわたって糾弾を受けつづけた。

こうした批判記事の嵐は、取引先や情報誌の読者、圧力団体や似非《えせ》団体、ジャーナリストや監督官庁などの怒りを買い、攻撃のネタとされた。いろいろなところから抗議を受け、どこへ行っても叱られるような状態におちいっていったのだ。広報課長のころにはジャーナリストから、総務部次長のころには圧力団体から、業務部長のころにはすべてのトラブルの相手から、まさにお詫びを求められる連続となっていったのである。ときには、右翼団体の事務所に呼び出されて、半日近く軟禁状態にされて詫びを求められたこともあった。日本刀を目の前で抜かれ、見せつけられたこともあった。

もちろん、私の仕事は「お詫び役」ではなく危機管理だから、戦うことも多かった。しかし、危機管理において「お詫び」は避けて通れない関門だ。すべてにおいて悪くなくても、一部において非を認めざるをえないこともあるからだ。ほとんどの経営者や政治家も、ここでつまずいて失脚する。したがって、危機管理のカギは「お詫び」がにぎっていると言っても過言ではない。

危機管理を失敗すると、会社が業績不振におちいったり倒産したりする。そこには表面化しないものの、多くの不幸が発生しているはずだ。失業によって家や家族を失ったり、ときには命まで失ってしまうケースもあるだろう。危機管理がうまくいかないと、加害者だけでなく被害者までダメージがふくらむ場合もある。公害や薬害エイズの被害者がその典型だ。愛する子供を殺害されて、加害者からお詫びの言葉すらもらえない両親も同様である。

本書は、そんな不幸を少しでも回避することを目的としている。平成十一年の五月に文春新書として『企業危機管理　実戦論』を出版し、多くの読者の皆様にご愛読いただいたおかげで版を七回重ねることができた。その実戦論は私がみずから体験したり実施したりした十年を中心にまとめたが、本書は私がコンサルタントとして指南してきた十年のノウハウを加えたものである。私の二十年にわたる危機管理の経験と、五十年にわたる人生の葛藤のなかから生まれたものが、少しでもお役に立てばと切に願ってやまない。

事件史年表

年	月	経済・企業関係	社会・世界情勢
94	2	政府が過去最大規模の十五兆円経済対策発表	
	4		佐川急便からの一億円借金問題で細川護煕首相が辞任　羽田孜内閣が発足 NATO軍がセルビアを空爆
	5	経企庁、戦後最長の不況宣言	南アでネルソン・マンデラ氏大統領就任
	6		松本サリン事件　村山富市内閣が発足
	7		北朝鮮、金日成主席が死去
	9	臨時閣議で消費税五%が決定	関西国際空港が開港
	10	JT（日本たばこ）が上場	大江健三郎にノーベル文学賞　ラビン首相、アラファト議長らにノーベル平和賞
	12		新進党結成
95	1		阪神・淡路大震災
	2	ロッキード事件判決	

	3	東京協和信組・安全信組乱脈融資事件	地下鉄サリン事件
	4		青島幸男と横山ノックが知事に
	5		野茂英雄が大リーグデビュー
	7	コスモ信組が破綻	米、ベトナムと国交正常化
	8	兵庫銀行・木津信組が破綻	
	9	大和銀行NY支店で11億ドル損失事件	沖縄で米海兵隊による少女暴行事件
	11		イスラエル、ラビン首相が暗殺される
96	1		自・社・さ連立の橋本龍太郎内閣誕生
	2		**HIV訴訟で菅直人厚生相が原告らに謝罪** 司馬遼太郎死去
	3	携帯電話・自動車電話加入一千万人突破	英国で狂牛病騒動
	4	東京三菱銀行誕生 マツダがフォードの傘下に	
	7		O157による食中毒発生 アトランタオリンピック開催
	9	薬害エイズ問題でミドリ十字歴代社長が逮捕	民主党結成

年	月	日本	世界
	10	新王子製紙と本州製紙が合併、王子製紙誕生	
	12		ペルーの日本大使公邸占拠事件
97	1	オレンジ共済事件	
	2		中国、鄧小平が死去
	3	**野村證券、利益供与で酒巻英雄社長辞任**	
	4	**味の素が新聞に奇妙な謝罪広告掲載**	
		日産生命破綻	
	5		神戸で酒鬼薔薇事件
	7		香港、中国に返還
			タイバーツが暴落、アジア通貨危機
	8		ダイアナ元皇太子妃がパリで事故死
	9	ヤオハンジャパン倒産	マザー・テレサ死去
	10		北朝鮮、金正日が総書記に就任
	11	三洋証券・北海道拓殖銀・徳陽シティ銀破綻	
		山一證券自主廃業	

98

2		長野冬季オリンピック 金大中、韓国大統領就任
4	改正外為法施行、ビッグバン始まる	
5		インドネシアで暴動、スハルト大統領辞任
6	金融システム改革法成立	
7		和歌山毒物カレー事件 参院選自民大敗で小渕恵三内閣発足
8		**クリントン大統領「不適切な関係」認める** 北朝鮮がテポドン1号を発射
9	日本リースが過去最大負債額二兆円超で倒産	黒澤明死去
10	長銀が一時国有化 **NECの関本忠弘会長が水増し請求事件で辞任**	
11		中国、江沢民が中国国家元首として初の日本公式訪問
12	日債銀が一時国有化	

年	月		
99	1	日銀、ゼロ金利政策導入	欧州連合が「ユーロ」導入
	2	日産がルノーと提携	
	3	大手銀など十五行に七兆円超の公的資金注入	NATOがユーゴを空爆
	4	景気対策で地域振興券を交付	石原慎太郎都知事誕生
	6	東邦生命・東京相和銀が破綻	
		東芝にクレーム事件	
		カルロス・ゴーン、日産COOに就任	
	8	興銀・一勧・富士が統合発表	
	9		東海村JCOで国内初の臨界事故
	11	東証が「マザーズ」創設	
	12		横山ノック大阪府知事が猥褻容疑で辞任
00	1	商工ローンの日栄に業務停止命令	AOLとタイム・ワーナーが合併発表
	2	石原都政、大手銀に外形標準課税導入を発表	
	3		ロシア、プーチン大統領誕生
	4		小渕恵三首相入院、森喜朗内閣が発足

	6	**雪印乳業、集団食中毒事件**	
	7	そごう破綻 **三菱自動車のリコール隠し発覚**	
	8	日銀、ゼロ金利政策解除 **ブリヂストン・ファイアストンが米国でパンク事故多発**	
	9		シドニーオリンピック開催
	10	千代田生命・協栄生命破綻	田中康夫長野県知事誕生
01	1	**日航機がニアミス**	米、ジョージ・ブッシュが大統領就任
	2		**「えひめ丸」と「グリーンビル」が衝突**
	3	東京生命破綻	イチローが大リーグへ
	4	四大金融グループが誕生	小泉純一郎内閣が発足
	9	日経平均株価一万円割れ	米国9・11同時多発テロ
	10	**デンソー、社員が銃の密造で逮捕**	米英、アフガニスタンを空爆
02	1	**雪印食品が牛肉を産地偽装**	

	5	**丸紅畜産の奇妙な謝罪広告** **ダスキンの肉まんスキャンダル**	日韓共催のワールドカップ開催
	8	ナスダック、日本からの撤退 日本ハム、BSE買取り制度の悪用が発覚	田中眞紀子議員が辞職
	9	**西友、偽装肉に対する返金で大騒動**	初の日朝首脳会談
	10		小柴昌俊、田中耕一にノーベル賞
	11		中国、胡錦濤が総書記に就任
03	3		米英軍がイラク空爆を開始（イラク戦争） 松井秀喜が大リーグデビュー
	6	**ダスキンの千葉弘二会長が逮捕**	有事関連三法成立
	8		**石原軍団が「西部警察」撮影中に事故**
	9	**出光興産、苫小牧のタンクが炎上**	民主党が旧自由党と合併
	11	**熊本のホテルがハンセン病元患者の宿泊を拒否**	グルジアでシェワルナゼ大統領が辞任
	12	**トヨタで整備士国家試験問題の漏洩事件**	フセイン元イラク大統領が発見拘束

04	1	青色LED訴訟、中村修二教授に二百億円支払い命令（一審）	古賀潤一郎衆院議員に学歴詐称問題 鳥インフルエンザが大規模発生
	2	ソフトバンクBBに情報流出事件	イラク復興支援で陸上自衛隊が出発 松本智津夫被告に死刑判決（一審）
	3	ジャパネットたかたで情報流出事件 森ビル、六本木ヒルズの回転ドアで死亡事故	
	4	堤義明西武鉄道会長が辞任会見	「未納三兄弟」らの年金未納騒動
	5	リクルート社員らが未公開株売却益を未申告	福田官房長官が年金未納で辞任 小泉首相が金正日と二回目の会談
	6	三菱自動車の二度目のリコール隠し発覚 東急エージェンシーが裏金で票集め	イラクで暫定政権発足
	7	NHKプロデューサーが制作費着服	
	8	関西電力美浜原子力発電所で蒸気噴出事故 渡辺恒雄巨人軍オーナーが辞任	アテネオリンピック
05	1	NHK海老沢会長辞任	
	2	明治安田生命、保険金不払いで業務停止処分 西武鉄道株、インサイダー取引疑惑発覚	ライブドアVSフジテレビ戦争

	3		紀宮が黒田慶樹氏と婚約
	4	ＪＲ福知山線脱線事故	ドン・キホーテで火災
	5	三菱地所・三菱マテリアルの土壌汚染問題で役員全員辞任	
	7		ロンドン地下鉄で爆弾テロ
	11	耐震強度偽装発覚	
06	1	ライブドア、堀江貴文逮捕 東横インによる不正改築発覚	宮崎勤に死刑確定
	2	民主党ガセメール事件	紀子さまが第三子ご懐妊
	3		ＷＢＣで王ジャパンが優勝
	5	北米トヨタ社長にセクハラ疑惑	
	6	シンドラー製エレベーター事故 村上ファンド、村上世彰逮捕	サッカー・ワールドカップ開催
	7	パロマ製ガス湯沸し器事故	北朝鮮がテポドン2号を発射

第一章　こんなお詫びは許されない

許されないお詫び

（分類一）　言い訳や反論まじりの謝罪
（分類二）　嘘と隠蔽をふくむ謝罪
（分類三）　曖昧にボカした謝罪
（分類四）　役者不足の謝罪
（分類五）　頭を下げる方向を間違えた謝罪
（分類六）　遅い謝罪
（分類七）　足並みの乱れた謝罪
（分類八）　安易な賠償が先走る謝罪
（分類九）　処分のともなわない謝罪
（分類十）　早とちりの謝罪

論語のなかに「(子曰く、)過ちて改めざる、これを過ちと謂う」という孔子の言葉がある。この「過ちを犯すことより、犯した過ちを改めないのが過ちなのだ」という言葉を、私は問題を起こした企業のトップに幾度となくお伝えしてきた。とくに、謝罪の記者会見におもむく直前には、繰り返し申し上げてきた。なぜなら、謝罪における言動は「犯した過ちを改めるか否か」の判定材料とされ、再出発の成否に大きな影響を与えるからだ。記者会見のみならず、謝罪広告の作成においてもまったく同じである。

　これは、個人レベルの謝罪に置きかえると分かりやすい。失敗をした部下や悪さをしたわが子に対して、読者の皆さんはなにをもって叱責を終わらせているのか、思い浮かべていただきたい。己のストレスの発散を目的として怒鳴る愚かな上司や親をのぞけば、謝罪における言動の善し悪しによって判断しておられるはずだ。無反省で謙虚さに欠ける言動に接すれば怒りは倍増するが、的を射た反省の言葉や真摯《しんし》な態度は怒りを一気に鎮めてしまう。ときには、その見事な言動によって、新たな信頼関係まで芽ばえる場合すらあるだろう。企業の場合も同様に、謝罪の成否によって命運は分かれる。倒産にまで追いこまれる会社もあれば、一段とたくましくなって繁栄をつづける会社もあるのだ。まさに、謝罪は企業の生死の分岐点であり、経営者の生殺与奪のカギをにぎると言っても過言ではない。

仏教用語の「三途の川」とは、人が死んで七日目にわたる川で、川中に三つの瀬があり緩急がちがうという。どの瀬にわたるかは生前の業《ごう》のいかんによって決められるらしい。川のほとりには奪衣婆《だつえば》と懸衣翁《けんえおう》という鬼がいて、死者の衣を奪うというのだ。

この「三途の川」を記者会見に置きかえてみると、生前の業は謝罪の言動であり、奪衣婆がマスコミで懸衣翁が司直や監督官庁となる。謝罪の言動を間違えると、激しい濁流にもがき苦しみ、マスコミによって素っ裸にされ、司直や監督官庁によって裁かれるというわけだ。

これからご紹介するのは、不幸にして「三途の川」のわたり方を間違えて、地獄を見た企業の実例だ。そこでは様々な悲劇が生まれ、多くの経営者や危機管理担当者の屍《しかばね》が散乱しており、見るに耐えない光景となっているだろう。当事者や関係者にとっては思い出したくもない出来事で、治りかけた傷口のかさぶたを剝《は》がされる心境にちがいない。企業の危機管理をサポートする立場としては、将来の顧客の芽を摘むことにもなり、いささか書きづらい心境でもある。しかし、企業危機管理の向上のために、あえて触れなければならない。

また、近年は企業の危機が頻発しており、A社・B社などの匿名では分かりづらい。したがって、読者のストレスを回避するためにも、実名での紹介を避けられない状況であることをご理解いただきたい。

事例については、謝罪で犯しがちな失敗を十通りに分類して、当てはまるものを取り上げている。したがって、一つの事例が複数の分類のなかに登場する場合がある。なぜならば、根底に誤りがあるから、複数の過ちを犯してしまうのである。特定の企業を批判しようという意図など毛頭ない。あくまでも現象面から分類し、根底にある原因を探るためだ。すなわち、謝罪を分析的にとらえて、科学しようという試みなのである。

ただし、筆者は取材記者ではないので、あくまでも報道されたものをもとに論評している。なかには誤報もあるかもしれないが、訂正記事が掲載されていないかぎり真実として取りあつかっている。とくにコメントなどについては、報道した記者の恣意《しい》にもとづいての短縮や曲解があるかもしれず、発した当人の本心と乖離《かいり》している場合もある。さらには、発言した本人の人間性に由来したものではなく、その置かれた立場によって制限や変更を余儀なくされた表現もあるにちがいない。筆者としては複数の紙面・番組および多くの記者の証言をもとに、可能なかぎり客観的な評価をしたつもりであるが、完全ではないと思っている。本書は事件の報道を目的としたものではなく、企業危機管理のノウハウを伝える趣旨のものであることをご理解の上、ご容赦いただきたい。

分類一　言い訳や反論まじりの謝罪

謝罪が物別れに終わった東芝副社長

人は無意識のうちに、謝罪の言葉のなかに『言い訳』や『反論』をつけ加えてしまうものだ。たとえば遅刻をしてしまったときに、思わず「申しわけありません。道路が渋滞していたものですから……」と言ってしまう。あるいは営業目標を達成できなかったときに、咄嗟《とっさ》に「申しわけありません。私にはもともとムリな目標でした」などと口走ってしまうのだ。

前者は己の読みの甘さを棚に上げて、渋滞に責任を押しつけている。後者は己の実力不足や努力不足を棚に上げて、目標そのものに問題があると言っているようなものだ。どちらも謝罪しているようでありながら、本音のところでは反省の念も後悔の念も稀薄と言わざるをえないだろう。

このお粗末な謝罪を、立派な企業のトップが、公衆の面前でやってしまうことがある。謝罪の仕方を社内で指導する立場の人間が、危機管理の場面ではみずからが犯してしまうのだ。じつに不思議で滑稽な話だが、実際に頻発しているから呆れるしかない。そんな謝罪を、マスコミという奪衣婆はけっして見逃してはくれない。

耐震強度偽装のヒューザーやエレベーター事故のシンドラーを、ぜひとも『他山の石』としていただきたいものである。

■アイスターの過ち

二〇〇三年十一月十八日、朝日新聞に驚くべき記事が掲載された。熊本県南小国町にあるアイレディース宮殿黒川温泉ホテルが、ハンセン病元患者の宿泊を拒否したというのだ。

啞然としてしまったのは、経営母体である化粧品会社・アイスターの江口忠雄社長が十二月一日に行った記者会見だ。「宿泊拒否した判断はホテル業として当然」とか「宿泊予定者が元患者であることを直前までひた隠しにした県に責任がある」と言ってのけたのである。一方では、「ハンセン病への認識不足から（元患者らに）ご迷惑をかけたことは申し訳ない」とのお詫びの言葉ものべている。宿泊拒否の判断をした張本人の前田篤子同ホテル総支配人も会見に同席し、「私個人として差別をした思いはない。今後はすべてのお客を受け入れるよう態勢を整える」と、反省の弁を語った（日本経済新聞・十二月二日）。

どうやらアイスターやアイレディースは、一応お詫びをしたつもりでいるらしい。しかし、受けた側の国立ハンセン病療養所菊池恵楓園の太田明自治会長は、「十分納得はしていない」として、けっして許していない気持ちをあらわにした。

このホテル側のお詫びは、何やら私の実母のボソッと言い訳をする姿（「はじめに」参照）に似ており、「なんで余分なことを言うのか」と聞きたくなってしまう。「詫びをしたいのか、言い訳や反論をしたいのか、いったいどっちなんですか？」とただしてみたい衝動にかられる。私だけではなく、報道する新聞の紙面からも、手に取るように記者の憤慨が伝わってくる。

この憤りは、同社への批判を長期化させることになった。

二〇〇四年二月十日の朝日新聞に、「学生の抗議文　HP上に掲載、アイスター」という見出しの記事が掲載されたのだ。大阪市の学生が同社社長に宛てた抗議文を、本人の承諾も得ずに自社のHP上に公開したという内容だ。学生の「事前に公開を了承した覚えはない。人権意識が低い会社と思っていたが、宿泊拒否当時と意識は変わっていない印象を受けた」とのコメントと、同社広報室の「(本人の)了解を得たかどうかも含め、会社としてコメントすることはない」という回答が同時掲載された。これを読んだら、どんな読者もアイスター側への反感を強めていくだろう。

さらに朝日新聞の厳しい批判はつづく。二月十六日にアイスターが同ホテルの廃業を発表した翌日の朝刊では、太田明自治会長の言葉として「県などの処分に対する対抗手段なら、問題のすり替えだ」と厳しく指摘。同日の夕刊でも「過去に行った企業の行動は廃業しても残る。それはそれで決着をつけなければならない」と、坂口厚労相が会見でのべたことを続報した。実際に、十七日には熊本県が同ホテルの営業停止処分を決め、翌日に通知している。

本来ならば廃業は、すべての批判に終止符を打てるほどの大きな贖罪《しょくざい》だ。その廃業すら批判的かつ懐疑的に見られてしまうのも、同社の最初のお詫びに問題があったからにほかならない。じつに恐ろしいことではあるが、ここにお詫びの重大なヒントが隠されている。

ことの顚末《てんまつ》を振り返って、アイスターのボタンの掛けちがえを思い起こしてみると、「宿泊拒否した判断はホテル業として当然」とした最初の記者会見にあるように思えてならない。愚直にも、サービス業だから他の宿泊客の気持ちにも配慮しなければならない、とでも考えたのだろう。

ここに最大の過ちがひそんでいる。たしかに迷惑と感じる宿泊客もいるかもしれないが、いたとしたら、その客が間違っていると考えなければならないのだ。

その間違った客と同じ側に立って事業を営むなら、そのような企業は反社会的な存在になってしまう。反社会的な企業に対して、マスコミはけっして批判の矛《ほこ》をおさめないのである。

病気にかかったことは本人の責任ではない。ならば社会全体で患者を支えていくのが道理で、まして治癒した人まで宿泊拒否するのは明らかな差別だ。差別とは『した側の意思の有無』ではなく、『された側がどう感じたか』で判断されるべきものである。セクハラと同じだ（セクハラも性による差別）。ならば、前田篤子総支配人の「私個人として差別をした思いはない」という弁明が、まったく空しいものであることにも気づかなければならない。

アイスターも次第に軌道修正してきたものの、最初の記者会見での謝罪の言葉と姿勢が悪かった。同社の事例は『お詫びの第一声は消せない』という教訓を示している。また、後手にまわると大きな贖罪策も効果がうすいことを物語っている。どちらも、言い訳や反論が先に立つから起きる失敗である。

今後、同じような過ちを犯した企業は、これを反面教師としなければならない。事業の廃業は、なんの罪もない従業員や出入りの業者を苦しめる結果となるからである。アイレディース宮殿黒川温泉ホテルと同じ轍《てつ》を踏むことだけは、絶対に避けてほしい。そのためには、『犯した過ちを早く正確に認識』することを肝に銘じて、謝罪に臨んでいただきたい。

■リクルートの変なコメント

二〇〇四年五月三十日の朝日新聞の一面に掲載された記事は、私にとって悪夢を呼び起こさせるものだった。タイトルは「リクルート社員ら数十人　未公開株売却益　申告せず」というものだ。

思い起こせば十八年前の昭和六十三年の六月十八日、朝日新聞の社会面に掲載された『「リクルート」川崎市誘致時　助役が関連株取得　公開で売却益1億円」という記事が、私の人生を大きく変えてしまったからである。言うまでもないが、戦後最大の疑獄と言われるリクルート未公開株譲渡事件の発端となった記事だった。

リクルート関係者の逮捕は七人にのぼり、内五人が起訴され、全員の有罪が確定している。リクルートと友好的な関係にあり、リクルートを支えてくれた外部の有力者も十三人逮捕・起訴された。そのほかにも、未公開株の譲渡や献金を受けていたために職を失った人々は三十人にものぼる。なかには、竹下元首相の秘書のように、首相辞任表明の翌日に自殺して、命まで失った人もいる。本人だけでなく家族をもふくめると、じつに多くの人々の人生を狂わせてしまったのである。

日本の政治や経済にも大きなマイナスの影響を与えた。次々と有力な政治家が失脚してしまったために、あの事件以降に誕生した政権は小粒で短命なものばかりとなった。竹下首相がリクルート事件で辞任表明したのが平成元年の四月二十五日。その後に誕生した政権は、宇野、海部、宮沢、細川、羽田、村山、橋本、小渕、森、小泉と、わずか十六年の間に十もある。一内閣の平均寿命は、たったの一年半だ。これでは骨太の政策など実現できるわけがなく、国力は一気に低下していった。評論家の田原総一朗さんも、週刊ダイヤモンドのインタビューの中で、日本を危機に突き落とした四つの事件のなかの一つに、リクルート事件をあげている（二〇〇一年十月二十七日号）。

私をふくめて、当時のリクルート幹部や現役の幹部は、このことをけっして忘れるべきではない。にもかかわらず、そのリクルートの元幹部や現役の幹部が、自社の未公開株で平均三千万円の利益を得ながら、脱税をしていたというのだ。その数も、最終的には数百人にのぼると報道されている。この記事をリクルート事件で人生を狂わされた人たちが、どんな気持ちで読んだかと思うと、心が痛むと同時にOBとして恥ずかしくてならない。

同社の広報室が出した謝罪（?）のコメントを読んで、私はさらに身のすくむ思いがした。

「未公開株が問題になったリクルート事件以降、社内のコンプライアンス（法令順守）を高めるよう努めてきた。申告漏れは個々の社員や元社員の問題だが、これまでも適正な申告を呼びかけてきたので残念だ。これを機に、さらに社員の納税に対するモラルを高めたい」

というまったく無責任なものだったからである。

ポイントは〝申告漏れは個々の社員や元社員の問題だが〟という一節にある。まさに言い訳と言わざるをえない。「会社は悪くない。個々の社員や元社員が悪い」と言っているのだ。一人や二人ならともかく、数百人にのぼる脱税にもかかわらず……。数百人もの社員や元社員が痴漢行為や窃盗で逮捕された会社があったとしたら、「個々の社員や元社員の問題だが」と発言するだろうか。脱税は痴漢行為や窃盗とくらべても、けっして軽い罪ではない。

朝日新聞の報道によれば、税務署の摘発は進行中とのこと。最終的に脱税の全容が解明されたとき、再び朝日新聞は報道するにちがいない。そのときのために、老婆心ながら古巣の後輩に望ましいコメントを送っておきたい。

「未公開株で事件を起こした当社にあって、未公開株に関する脱税などあってはならないことです。退社した社員についてはいかんともし難いものがありますが、現役の社員については厳しい懲戒処分を行います。今後は自社株を売却した社員について、確定申告の写しを提出させて再発防止に努めてまいります。国民の共有財産である税金につきまして、不正を働きました社員を代表し、また教育の責任者としての不行き届きを、心よりお詫び申し上げます」

こうしたコメントが出されたおりには、ぜひともリクルートを許してやっていただけるよう、OBとして伏してお願い申し上げる次第である。

■見え隠れした東芝の本音

一九九九年の夏、わが国の危機管理史上に残る出来事が発生した。東芝のビデオデッキを購入した福岡の男性が同社にクレームをつけたところ、逆に暴言をあびせられるという前代未聞のトラブルだった。しかも、その暴言がインターネットで公開されたため、騒ぎは一気に広がって、国内はおろか海外にまで反響をおよぼした。暴言を暴露したホームページへは、じつに一カ月強で六百万件ものアクセスがあったという。

この福岡の男性T氏は、後に週刊文春が報道したところによると、(福岡市の家電量販店)ベスト電器から二年間に三百八十四万円の買い物をして、そのうちの二百三十五万円を返品していたという。まさに〝名うてのクレーマー〟である。同氏は、週刊文春の記事を東京地検特捜部に告訴したが、特捜部は動かずじまい。それについて同氏は、検察審査会に訴えてもいないことから、記事の中身は間違ってはいなかったのであろう。

したがって、私はクレームそのものの是非を論じたり、東芝の製品に問題があると指摘するつもりは毛頭ない。ただし、その謝罪のあり方については、疑問を感じているのだ。

同社の町井徹郎副社長(当時)は記者会見を開いて、「いかなる事情を考慮しても不適当なもので真摯に反省している」とし、「心よりおわび申し上げる」と謝罪の言葉をのべた。しかし、同じ記者会見で「一般論として、インターネットなら何をやってもいいというわけではない。一方的な自分の見方を公表することが許されるのか」との発言もしている。その後、町井副社長は、わざわざ福岡まで出向いてT氏に直接謝罪をした。深々と頭を下げて詫びたものの、T氏が「暴言のことは許しますが、私を総会屋の窓口に回したことを詫びてほしい」と要求すると、「その対応は間違っていない」と反論。結局、物別れになってしまったのである。

この模様は週刊朝日によって詳細に報道された。タイトルは「和解一転ドロドロ」という皮肉たっぷりなもので、内容も東芝の危機管理能力を厳しく非難したものとなった。その結果、東芝にとって世論の風当たりは一気に厳しくなってしまい、何のために謝罪をしたのか分からなくなってしまったのである。

腹がたつのは理解できるが、謝罪をする場合には謝罪に徹して、言い訳や反論は封じこめなければならないことを示した事例だ。

■「知らなかった」は免罪符ならず

言い訳といえば、「知らなかった」という言葉が代表格だろう。本当に知らなかったケースと嘘をついているケースがあるが、枚挙にいとまがないほど頻繁に登場する。

なかでも三菱自動車工業の「知らなかった」は大きな波紋を呼んだ。二〇〇〇年の八月のことだ。一本の内部告発の電話が運輸省（現在の国土交通省）に寄せられ、抜き打ち検査により顧客クレームの書類がロッカーのなかから大量に発見された。いわゆる欠陥車のリコール隠しだった。同社はこの問題における記者会見で「知らなかった」を連発し、厳しい批判をあびてしまったのである。

八月二十二日に同社が記者会見を行った翌日、新聞各紙の見出しは罵声に近いものだった。とくに西日本新聞の見出しは「おわび、言い訳2時間」「社長会見核心に触れず」と、まさに完全否定だった。前回の記者会見での嘘が指摘されたり、悪質な手口が露呈してしまったのでムリもなかった。しかし、これでは記者会見を開いて謝罪をした意味など、なにもなかったと言わざるをえない。

こんな事例があったにもかかわらず、「知らなかった」はその後も多くの記者会見で経営トップの口から発せられた。

二〇〇二年一月、輸入牛を国産牛と偽装して販売していたことが発覚した雪印食品も、「知らなかった」で批判をあびた。同年八月、子会社がBSE対策事業において牛肉の産地偽装を行った日本ハムも、「知らなかった」を口にして窮地におちいった。

「知らなかった」という言葉が良くないのは、西日本新聞も指摘するように、言い訳という印象を与えてしまうからである。的確で正当な理由がある言い訳は一定の効果を発揮するが、そうでないものは無責任か無反省とみなされる。当然ながら、経営トップの

「知らなかった」は後者だ。なぜならば、取締役なのだから、知らなかったことこそが問題なのである。もっとも恥ずべき事態であり、罪深いと自覚し、けっして免罪符にはならないと思わなければならないのだ。

ならば「知らなかった」のかわりに、どんな言葉を使ったらよかったのか。私は「掌握できていなかった」あるいは「知る仕組みと努力が足りなかった」という言葉をおすすめしたい。なぜなら、「知らなかった」という言葉とくらべて、反省や後悔の念が強く感じられるからである。

反省や後悔の念を表明すると、進退を問われかねないと懸念する向きもあるが、心配御無用だ。「知らなかった」と発言した三菱自動車工業の河添克彦社長（当時）も日本ハムの大社《おおこそ》啓二社長（当時）も、最終的には辞任をしているし、前者は逮捕にまで追いこまれている。結果は同じということだ。進退は、起こした問題の罪深さで決まってしまうもの。問題が大きければ、どんなに言い逃れをしても辞任は避けられない。問題が小さい場合には、お詫びの言葉を間違えなければ辞任を避けられるというわけだ。

しかし、記者は「知っていたのか否か」と単純で鋭い質問をぶつけてくる。するとお人好しにもイエスかノーで答えてしまう経営者が多い。その結果、新聞の見出しに「知らなかった」が使われてしまうのだ。したがって、記者会見をはじめとする謝罪の場面では、経営者たる者「知らなかった」を禁句にしなければならない。言い訳をしていると誤解されないために……。

分類二　嘘と隠蔽をふくむ謝罪

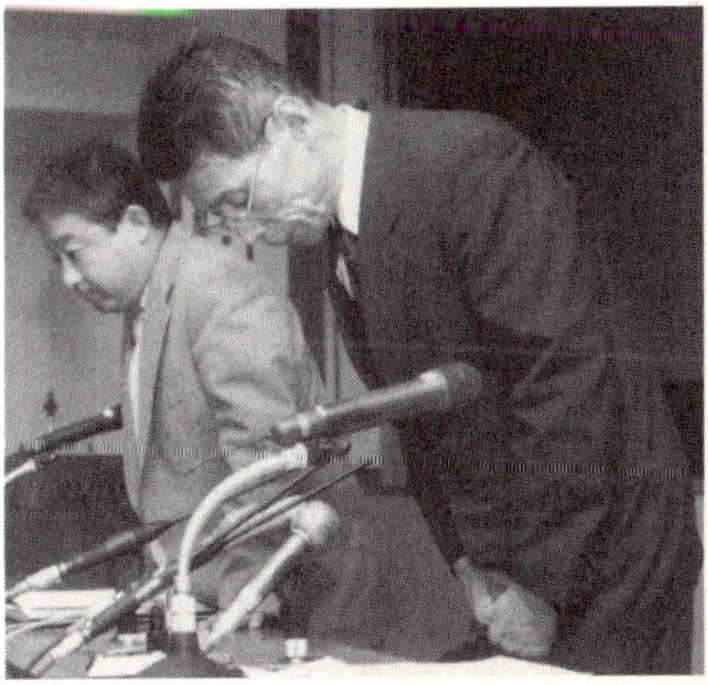

釈明が二転三転のダスキン

　数ある謝罪の失敗のなかでも最悪の結末をまねいてしまうのが、開示した情報に嘘や隠蔽《いんぺい》がまじったケースだ。後になって真実が次から次へと明るみに出て、前言の撤回や訂正を繰り返すことになり、まったく信用を失ってしまうからである。

　ところが、この嘘と隠蔽は、必ずしも悪意や故意にもとづいて起きるわけではない。たとえば、問題を起こした当事者が、経営トップに嘘の報告をする場合もある。それを真に受けた広報室やトップが、結果的に嘘を言ってしまうこともあるのだ。隠蔽などはさらに簡単だ。たんに情報収集不足でも起きるし、わずかな迷いや決断力の不足からも起きる可能性がある。にもかかわらず、これが発覚すると、すべて悪意や故意にもとづくものとみなされるのである。

問題を起こすと何もかも悪くみなそうとするマスコミの先入観や偏見によるものだが、それは宿命として覚悟を決めておかなければならないのだ。『李下《りか》に冠《かんむり》をたださず』という言葉があるが、問題を起こした場合には、嘘と隠蔽の疑いを全力で払拭する必要がある。

ここにご紹介する事例は、その努力を怠ったために、思わぬ反発と批判を受けたものばかりである。『他山の石』として参考にし、同じ轍を踏まないようにしていただきたい。

■ソフトバンクBBのたび重なる記者会見

インターネット接続サービス「ヤフーBB」の契約者情報が、運営元のソフトバンクBBから四百六十万人分も流出した事件は、二〇〇四年の二月に発覚した。元派遣社員や元業務委託先の男が盗みだして、同社を恐喝しようとしたのである。

この衝撃的なニュースは二月二十四日の読売新聞によってスクープされ、当日の午後五時頃から広報・宣伝部長（および事務方一名）によって第一回目の記者会見が開かれた。ところが、広報・宣伝部長は「現段階では言えない、分からない」を連発し、挙げ句のはてには何度もうすら笑いをもらした。これには会場につめかけた記者も呆れ返って、怒ってしまった。結局、収拾がつかなくなってしまったので、わずか五時間後に二度目の記者会見を開かざるをえなくなった。今度は副社長と本部長が登場したものの、記者の腹のムシはおさまらないから質問は痛烈だった。書かれた記事も厳しかった。結局、三日後には孫正義社長まで記者会見を開いて、深々と頭を下げる羽目におちいったのである。

事件そのものの構図を見れば、ソフトバンクBBは被害者である。しかし、流出した顧客情報が悪用される可能性もあるから、契約者から見れば同社もまぎれもなく加害者の一員だ。ならば、早く積極的に情報開示をして、顧客の被害を最小限に食い止める努力をしなければならないのだ。その認識が稀薄だったために、不敵な笑みを浮かべながら「現段階では言えない、分からない」と発言し、まるで隠しごとをしているかのような印象を与えてしまったのである。

同社はその後も記者会見を何度も開いたり、個別メディアの取材や謝罪広告を通して、原因分析や再発防止策を開示している。けっして隠蔽体質の会社という印象は受けない。

むしろ危ないと感じるほどオープンである（もともとIDやパスワードをオープンにしていたくらいだから……）。

初動のミスが隠蔽体質との誤解を受け、最後まで尾を引いた典型的な事例だ。

■二転三転したダスキンの釈明

ソフトバンクBBと同じく、当初は恐喝事件として取り上げられたのがダスキンの肉まんスキャンダルだ。二〇〇二年の五月に発覚。ダスキンが運営するミスタードーナツの肉まんに無認可の酸化防止剤（TBHQ）が使われており、その口止め料として六千三百万円が支払われたという話だ。恐喝の真偽は明らかになっていないが、無認可の酸化防止剤の使用については、二〇〇三年九月に法人としての同社と元幹部が起訴されている。

この事件に関して、ダスキンの釈明は二転三転した。問題が発覚した直後の五月二十日の記者会見で、「上層部がTBHQの混入を知ったのは、二〇〇一年七月」と発表したが、二日後には「当時の担当役員が二〇〇〇年十一月には知っていた」と訂正。問題の肉まんの廃棄についても、当初は「発覚後にすべて処分した」としていた。しかし、外部からの指摘によってくつがえされ、「販売をつづけていた」と認めた。これでは、隠蔽とみなされても仕方がない。

ダスキンの隠蔽体質については、同社の再生委員長に就任した弁護士（当時）の中坊公平氏も、日経ビジネスや週刊ダイヤモンドで語っている。肉まん事件に関して委員会に提出された調査報告が二転三転し、社内の腰の重さや経営陣の秘密主義に驚いたというのだ。内部でもこのありさまなのだから、外部への情報開示が不足するのは当然である。

結局、これらの報道によって、ダスキンのイメージは地に堕ちてしまった。販売する商品の信頼を失っただけでなく、経営体質そのものに疑問符をつきつけられたのだ。そして、肉まん事件から一年後の二〇〇三年六月四日、千葉弘二元会長と芝原修一元専務が特別背任で逮捕され、当時の経営陣は一掃されたのである。容疑は、土屋義彦埼玉県知事（当時）の娘が関係する会社に、一億八千万円もの不明朗な支払いがされていたというものだが、肉まん事件の強制捜査が発覚のきっかけと言われている。

嘘や隠蔽体質の謝罪がアダとなり、トップの逮捕にまで結びついた事例と言えよう。

■三菱自動車における隠蔽のＤＮＡ

「隠蔽と言えば三菱自動車、三菱自動車と言えば隠蔽」と言われるくらいに、隠蔽の代名詞となってしまった三菱自動車。当然である。二〇〇〇年の夏、カーメーカーにとって致命傷となるリコール隠し問題を起こした同社が、わずか四年後にも再びリコール隠しで断罪されたのだから。最初のリコール隠しのおりにすべてをさらけ出していたなら、二度目はなかったはずである。

それだけではない。二度目のリコール隠しが発覚した後も、同社の隠蔽体質はまったく改められることはなかった。三菱ふそうトラック・バスは二〇〇三年一月に三菱自動車から分社化されて誕生したが、二度目のリコール隠し騒動は同社が発端となった。タイヤと車軸をつなぐハブの欠陥により、タイヤが脱落して母子を直撃。死傷事故が発生していたにもかかわらずリコールをしなかったというのだ。その直後には、クラッチハウジングの欠陥による死亡事故も、リコール隠しが原因だったことが判明している。その後、親会社の三菱自動車でも、軽乗用車やワゴン車のリコール遅れが次々と明らかになっていった。

これだけでも隠蔽体質の代名詞にされるには十分すぎるが、三菱ふそうは騒動の終盤にいたってもなお、隠蔽体質を発揮する。二〇〇四年六月十日、宇佐美隆前会長ら六人が業務上過失致死容疑で逮捕されたときにも、同社は記者会が要請した会見を拒否したのだ（東京新聞・六月二十三日）。まったく説明責任を果たそうとしない姿勢は、とても一部上場企業のものとは思えない。

さらに悪質な隠蔽も露見している。七月八日の記者会見では、嘘の説明までして隠蔽しようとしたのだ。クラッチハウジングの亀裂について、破断していたものを貫通と矮《わい》小《しょう》化して報告、故障で発見したものをリコール点検による発見と偽った。ところが、報道陣の詰問に回答が二転三転したため、再調査を余儀なくされた。そして翌日には、生産本部品質管理部幹部（部長級）の虚偽報告によって、間違った発表がなされたことを認めた。これを重く見た国交省は、クラッチ系統のリコール対象車のユーザーに、使用停止と点検を要請するという異例の措置を講じた。国交省自動車交通局は指示の理由について、「不都合な情報を隠す三菱ふそうの体質は改まっていない。このままでは更に重大な事故が起きる可能性が高い。緊急事態だ」と説明している（朝日新聞・七月十日）。

経営トップからラインの長まで、呆れた隠蔽体質だ。ここまできたら、隠蔽体質は三菱自動車の企業DNAと言わざるをえないだろう。上から下まで信用できないことを世に知らしめたことこそ、三菱自動車グループの最大の過ちだ。『謝罪が下手な』というより『謝罪すら満足にできない』会社の末路は、あまりにも哀れである。

■いけなかったイケメンの嘘

記者会見で嘘を言った事例として印象深いのは、古賀潤一郎衆議院議員である。二〇〇四年の一月に発覚した学歴詐称問題は、詐称そのものよりも同氏の稚拙な嘘に集中砲火があびせられた。その結果、同氏は政治家としてだけでなく、人間としての信用も失ってしまったのである。

古賀氏は二〇〇三年秋の衆議院選挙で、自民党の山崎拓元副総裁を破って初当選。イケメン議員として地元福岡でも高い人気を得ていた。ところが、同氏はペパーダイン大学に在籍していたものの、卒業していなかったことが突然取り沙汰された。彼が辞職すると補欠選挙となり、山崎拓元副総裁の当選が予測されることから、政治的な謀略を疑う向きも少なくなかった。

ところが古賀氏は、あろうことか詐称を全面的に否定。「米国で弁護士に証明書を見せられ、卒業を確信した」と主張したのだ。挙げ句には「証明のため」と言いながら、騒ぎから逃げ出すかのように突如渡米。しかし、結局証明ができないどころか、大学側から完全に卒業を否定されてしまったのである。

古賀議員はけっしてペパーダイン大学を卒業したから当選したのではない。ペパーダイン大学中退と表記したとしても、得票数にはなんら影響はなかっただろう。詐称が発覚した後でも、正直に「卒業という表記は中退の誤りでした」と本人が謝罪し、事務方からも「私の思いこみで議員や選挙民の皆様にご迷惑をかけました」という謝罪があれば、あれほど大きな騒動にはなっていなかったはずだ。

最初にこの原稿を書いた二〇〇四年七月二十九日、福岡地検と県警は真相究明のため捜査員を米国に派遣している。騒動から半年がすぎてなお、捜査はつづいていたのだ。はたして起訴されてしまうのか。嘘と隠蔽は、まるでダイオキシンのように、いつまでも残り悪影響をおよぼしつづけるのである。

（二〇〇四年十月、福岡県警は公選法違反の容疑で書類送検したが、直前の九月二十四日に古賀議員が辞職したため、起訴猶予となった）

分類三　曖昧にボカした謝罪

どこが道義的？

嘘や隠蔽の意図はないものの、なぜか中途半端な表現で謝罪をするのが人のつねである。たとえば、女子高校生への痴漢行為で逮捕された犯人の多くは、「つい出来心で……」とか「無意識のうちに……」などと、曖昧な表現をする。「申しわけありません。私は異常に性欲が強いので……」とか「私はロリコンなので……」とは言いにくいからである。

芸能界を見ていても、曖昧な謝罪の言葉はあとを絶たない。浮気が発覚すると、

「異文化交流をした」などと迷言を吐いたり、「世間をお騒がせして……」という決まり文句を言う。「平和な家庭を崩壊させ、幼い子供から親を奪ってしまいました」とは言えないのだろう。罪が重くなってしまうような気がするからである。実際には、言っても言わなくても罪は同じだ。

ところが、この芸能界と大差のないレベルの謝罪をする企業が、ときとしてあらわれるから驚いてしまう。企業のトップともなれば、その言動がおよぼす影響は甚大だ。社内はもちろんのこと、関連子会社や下請け企業の社員にまでおよぶ。彼らは親会社やお得意様の背中を見ながら、お手本とするからだ。にもかかわらず、「世間をお騒がせし」とか「遺憾」とか「道義的責任」というような曖昧な言葉で謝罪を済ませようとするのである。逆に、問題を起こした関連子会社や下請け企業から、同じ言葉で謝罪をされたら許すのだろうか。

謝罪の言葉は相手の心に響かなければ意味がない。野球にたとえるなら、ド真ん中のストレートでなければならない。ところが、打ち返されて恥をかくのを恐れて、変化球を投げてみたり、わざとはずして様子を見たくなる。それが曖昧な謝罪の言葉を登場させる原因である。繰り返すが、「世間をお騒がせし」とか「遺憾」とか「道義的責任」という言葉は、はぐらかして〝なんとか体面を保とうとする意図〟がみえみえなのだ。

謝罪はゲームではない。したがって、真っ向勝負が原則だ。逃げてしまった企業の悲惨な実例から、そのことを読み取っていただきたい。

■「お騒がせし」で騒がれた味の素の謝罪

まずは、次の謝罪広告を読んで、なにを詫びているのか当てていただきたい。

「お詫び　この度は、世間をお騒がせいたしまして、誠に申し訳なく、心よりお詫び申し上げます。ご愛顧いただいております皆様に多大なご迷惑をおかけいたしましたことを、深く反省いたしております。この事態を厳粛に受けとめ、事実関係の速やかな調査を進め、今後このようなことが二度と起こらないよう万全の対策を講じ、全社をあげ信頼回復に努力して参る決意でございます。何卒、これからも、ご指導を賜りますようお願い申し上げますとともに、重ねて深くお詫び申し上げます」

これは、一九九七年四月二日に、大手食品会社の味の素が全国紙各紙に掲載した、謝罪広告の全文である。全五段すなわち一頁の三分の一という破格の大きさだから、一紙当たり千五百万円から二千万円はかかる。

丁寧な言葉がならべてあるものの、この文章だけでなにを詫びているのかを読み取ることは至難の業だ。味の素の食品に異物が混入したようにも読み取れるが、顧客情報が漏洩《ろうえい》したようにも読めなくもない。あるいは、植草一秀元教授のように、幹部社員がハレンチ行為容疑で逮捕されたのかもしれない、とも読めてしまう。少なくとも、どのケースに当てはめてみても、矛盾はしない。言いかえるなら、なににでも使えるお詫びの文章である。

意味不明の原因は「世間をお騒がせし」という言葉にある。騒がせたという〝結果〟だけを詫びているために、いろいろな可能性が想像されてしまうのだ。その結果、なにを詫びているのか分からないから、許されることもないのである。これでは、高いお金を払って謝罪広告を掲載した意味などまったくないと言わざるをえないだろう。

実際には、意味がないどころか、まったく逆効果だった。この謝罪広告は朝日新聞にも掲載されたが、同紙は翌日の「天声人語」の欄で、「きのうの各紙朝刊に出た『味の素』の大きな〈お詫び〉広告は、国語の試験問題に出たら、さぞかし難問だろうと思われた（中略）丁重な文章である。けれど、残念ながら意味不明だ。（中略）そして冒頭のお詫びの常套句〈世間をお騒がせ〉だ。では騒がせなかったら、つまり警察ざたにならなかったらよかったのか。皮肉の一つもいいたくなる。（以下略）」と手厳しく批判している。お詫び広告を熟読する人は少ないが、「天声人語」は注目度が高いから、差し引きの結果は大きなマイナスとなった。実際、このお詫び広告は夕刊紙や週刊誌からも批判を受けることにもなってしまった。

じつは、この謝罪広告は、味の素の総務部の幹部が総会屋への利益供与で逮捕され、後に起訴された時点で出したものだった。したがって、正しい謝罪広告は「この度は弊社の幹部が総会屋へ利益供与するという罪を犯し、株主様の権利の侵害ならびに社会悪を助長させてしまいましたことを、心よりお詫び申し上げます」としなければならない。しかし、総会屋とか利益供与という言葉は書きにくい。そんな事実を知らなかった人々にまでも広めてしまったり、忘れていた人にも思い出させてしまうからだ。だからこそ、言葉を曖昧にボカしごまかそうとするのである。

ちなみに、同社は当時の記者会見でも「お騒がせし」を清水豪常務（当時）が使っているから、本気で「騒がせたこと」を問題だと思っていたのかもしれない。だとすれば、味の素の人たちは、次のような間違いを犯す可能性がある。夜中に社員が飲酒運転をして道路脇の民家に激突したときに、命拾いした民家の主に向かって「おやすみのところ、大きな音を立ててしまって申しわけない……」と謝罪してしまいそうだ。

■「遺憾」をいかんなく使ったデンソー

「お騒がせし」と同じように、巧妙にすりかえる謝罪の言葉として「遺憾」もたびたび登場する。前述した味の素の清水豪常務（当時）は記者会見で、この「遺憾」という言葉も使った。これが謝罪の文章のなかに登場すると、いかに不自然なのかを検証してみよう。

大手自動車部品メーカーのデンソーの社員が銃の密造で逮捕されたとき、同社は「容疑が事実であれば誠に遺憾であります」とコメントしている（中日新聞・二〇〇一年十月十九日夕刊）。同社は、その約一年後にも社員による銃の密輸入が発覚したが、このときにも「社員が逮捕されたことは誠に遺憾で……」というコメントを出している（朝日新聞・二〇〇二年七月十四日）。どうやら「遺憾」という言葉を使うことが習慣になってしまっているらしい。

「遺憾」とは広辞苑によると「思い通りにいかず心残りなこと。残念。気の毒」という意味だ。これをデンソーのコメントに当てはめてみると、「社員が逮捕されたことは誠に思い通りにいかず心残り」か「社員が逮捕されたことは誠に残念」か「社員が逮捕されたことは誠に気の毒」ということになる。これがお詫びの言葉として世に出ていくのだから、恐ろしいかぎりだ。社会から許してもらえるわけがない。

■かえって不安になる言葉足らずの謝罪広告

「お騒がせし」や「遺憾」という言葉は使ってないが、曖昧で意味不明な謝罪は枚挙にいとまがない。

たとえば、化粧品や健康食品のＤＨＣ（東京都港区）が二〇〇一年四月二十二日に出した謝罪広告は、なにが起きたのか意味不明なため、かえって不安にさせるようなものだった。実感を得ていただくために、一部を引用してみよう。

「お詫びとお知らせ　お客様各位　コスメイトリックスラボラトリーズ株式会社で平成十二年四月十九日より平成十三年四月十八日の間に製造いたしましたＤＨＣアロエベラ（清涼飲料水７５０ml）の生産に関して不手際がありました。つきましては、本商品を回収させていただくことと致しますので……（以下略）」

というものだった。

これを読んだ私は不安になって、家内と娘にあわててたずねた。「ＤＨＣのアロエベラは飲んでいないだろうな」と。「不手際があった」とだけ書いてあったから、なにか異物が混入したのだろうと想像した。ひょっとすると、有害物質だったのかもしれないとも思った。だからあわてたのである。

この手の謝罪広告はＤＨＣだけではない。二〇〇〇年八月二十九日に帝国ホテルと明治屋（東京都中央区）が連名で出した謝罪広告も、不安にさせるものだった。

「お詫びとお知らせ　お客様各位　平素は格別のお引き立てを賜り、有り難く厚く御礼申し上げます。さて、このたび株式会社明治屋食品工場で製造し株式会社明治屋が納入している帝国ホテルブランドのいちごジャム『IMPERIAL HOTEL JAM　ストロベリー』の一瓶に異物の混入がありました。お客様やお取引先様に多大なご迷惑を……（以下略）」

という文面。

これも「異物」としか書いてないから、「なにが入っていたのだろう」という疑問がわいてくる。「ガラス片かな」それとも「ゴキブリかな」などと、想像はたくましくなってしまうのだ。たかが一瓶のこととは思いつつも、なぜか釈然としなかった。

森永乳業とナポリアイスクリームが連名で、二〇〇三年十月三日に出したものも、よく似た内容だった。

「お詫びとお知らせ　お客様各位　平素は弊社商品をご愛顧いただき厚く御礼申し上げます。さて、この度、弊社三島工場で製造しておりますアイスクリーム類商品の一部に規格外品のおそれがあることが判明いたしました。当該工場製造の全商品につきまして安全に万全を期し、自主回収させていただくことといたしました。該当商品につきまして、店頭より回収をしておりますが……（以下略）」

というものだが、肝心な「規格外品」の説明がなにもない。ちょっと不安になる。お読みいただいた通り、曖昧で言葉足らずな謝罪は、かえって消費者の不安心理を高めてしまう。謝罪広告の本来の目的からすると、まったく逆効果と言っても過言ではない。そんな謝罪広告を、なぜ企業は大金を支払って掲載するのか。

答えは明白。謝罪と情報開示を早くしておかないと、マスコミから厳しく追及されるような気がするからだ。実際に「謝罪広告は出すのか」とたずねる記者もいる。昨今では、消費者から謝罪広告の掲載を求められるケースもある。その結果、〝とりあえず〟〝無難な言葉で〟〝詫びたポーズをしておけ〟となるのである。

謝罪広告を読んだ消費者が不安になることなど、忘れ去られてしまっている。

■巨人オーナーの「道義的」には動議！

二〇〇四年八月十三日の金曜日、読売巨人軍のオーナーである読売新聞社の渡辺恒雄会長が突如オーナー職を辞任した。明治大学の一場靖弘投手を獲得するために、球団幹部が現金をわたしていたことが発覚したのだ。辞任といっても、球団のオーナーと取締役を辞めるだけで、読売新聞社の会長や主筆を辞めたわけではない。

ドラフト前の学生に現金をわたすことは、明らかな学生野球憲章違反である。相手が公務員ではないので贈賄罪には問われないが、そのダーティーさはまったく引けを取らない。相手が無垢な学生だけに、罪はより重い印象を受ける。成人女性が相手の買春よりも、少女買春のほうに非難が集まるのと同じである。

まして、スポーツマンシップの醸成を旨とする学生野球のフィールドで、ジャーナリズム企業を親会社に持つ球団が起こした罪ははかりしれないほど重い。しかも、読売巨人軍は過去にも、江川問題や桑田問題のような汚い手口を批判されてきた。野球ファンならずとも言いたくなる。「また巨人か！」と。

そんな空気を察したのか、球団側の処分の発表はすばやかった。新聞によると、金銭授受にかかわった土井誠社長と三山秀昭球団代表と高山鋼市球団副代表の三氏は解任。堀川吉則会長に加え、渡辺恒雄氏もオーナーと球団の取締役を辞任した。

本書すなわち謝罪の原稿に取り組み中だった私は、「さすがは読売だ。他人を批判しているだけあって、己にも厳しいな」と思いながら記事をながめていた。ところが、渡辺氏が発表した次のコメントを読んで評価は一変した。「プロ野球をどう発展させるかを真剣に議論している重大な時期にルール違反を犯した責任は重く、道義的な責任を痛感している」という内容だった。

これを受けてテレビのニュース番組も、軒並み「渡辺オーナー、道義的責任を取って辞任」と報道した。アナウンサーの口から「道義的」という言葉がはなたれるたびに、私のなかで違和感がつのっていった。「なぜ道義的責任なのか」「監督責任でないのか」などの疑問がわきあがってきたのである。

私は自分が「道義」という言葉を、間違って記憶していたのかと心配になった。早速、広辞苑を引いてみると、「人の行うべき正しい道。道徳のすじみち」とあった。どうやら記憶違いではなかったようだ。

渡辺氏の「道義的な責任を痛感している」という言葉は、言外に「経営的責任は痛感していない」と言っているようなものだ。しかし、氏は球団の取締役に名をつらねていたうえに、オーナーとして球団の人事権をにぎっていたのである。解任した社長や球団代表や副代表を選んだ責任と、彼らを監督する責任を負っていたはずだ。

ならば、経営責任という言葉を排除して、道義的な責任だけを謳うのは不十分で曖昧としか言いようがない。後述するが、西武鉄道の堤義明会長も利益供与事件で辞任したとき、「道義的責任を取った」と発言しておられる。絶大なる権力者は「道義的」という言葉がお好きなようだが、危機管理コンサルタントとしては緊急動議を申し入れたい。

「その曖昧な言葉は『蛇足』であり、なんの役にもたちません。本当は辞めなくてもいいが、自分は道徳を重んじるから辞めると言いたいのでしょうか。あるいは、退職金や叙勲への影響を危惧しておられるのですか。だとすれば、『人の行うべき正しい道。道徳のすじみち』すなわち道義からはずれているのではないですか」と。

週刊誌各誌も私と同意見のようだった。週刊ポストは「渡辺巨人が怯えるもう一つの『裏ガネ爆弾』」、フライデーは「『一場事件』は〝右翼の追及〟から始まった」（どちらも二〇〇四年九月三日号）と、ともに手厳しい続報を掲載。週刊ポストは、その翌週号でも「渡辺恒雄・前巨人軍オーナー『個人資産二七〇億円』の謎に迫る！」を書いた。渡辺氏が経営責任を取るまで追及する構えを見せたのである。

渡辺氏は、歯に衣着せない発言で誤解を受けている人だ。表現は激しいものの、言動には本質をとらえたものが驚くほど多い。それだけに、氏らしからぬ「道義的」という衣を着せた言葉が残念でならない。

「子分が悪いことをしたんだから、親分が辞めるのは当然だろうよ。辞任の理由？責任があるからに決まってるじゃねえか。下らないことを聞くな。俺をなんだとおもってんだ」

ぐらいは言ってほしかった。

分類四　役者不足の謝罪

謝罪というのは不思議なもので、同じ言葉を用いても、それが誰の口から発せられたかによって受け取られ方がちがってくる。トラブルが発生すると、謝罪を受ける側から「上司を呼べ！」とか「社長を出せ！」などの言葉が飛び出すのは、より偉い人からの謝罪に価値を感じるからだろう。洋の東西を問わぬならいだが、年配者や知的レベルの高い層ほどこの傾向は強い。

ところが、往々にして謝罪する側は、その正反対をやりたがる。なるべく下位の立場

焼香を断られる森ビル社長

の人間から謝罪をさせようとするのである。この傾向も、年配者やプライドの高い人間に強く見られるから不思議だ。不祥事を起こした企業が、社長抜きで謝罪の記者会見を行うのも、このあたりに原因があるにちがいない。

この謝罪を『受ける側』と『する側』の相反する意識のギャップは、しばしば謝罪の場面で衝突をまねいて、深刻な対立を生じさせてしまうのだ。なにやら滑稽な話だが、人間の身勝手な業《ごう》のなせるわざであり、これを抜きにして謝罪は語れない。

ここでは少し趣を変えて、数々の事例を取り上げ、『受ける側』と『する側』の本音にせまりながら、対立の構図を解明してみよう。とくに、『受ける側』である被害者およびマスコミの心理に注目していただきたい。多くの企業が謝罪を失敗するのは、これを見落とすのが原因だから。

■ソフトバンクBBの場合

前述したが、ソフトバンクBBの大量な顧客情報の漏洩問題で、最初に記者会見をしたのは広報・宣伝部長だった。役員でもない部長を取り上げるのは少々気の毒ではあるが、この人物の記者会見を語らずして、同社への厳しいバッシングは説明がつかない。

ソフトバンクBBの情報漏洩は、同社が恐喝の被害者となったために発覚した。当然ながら同社は、警察に全面的に協力していた。ところが、二〇〇四年二月二十四日、この恐喝未遂事件が突如として読売新聞の夕刊にスクープされてしまった。この段階では、まだ犯人は逮捕されていない（逮捕は五月三十日）。おそらく、ソフトバンクBBにとっては寝耳に水の話だったのだろう。後述するが、最初の（広報・宣伝部長による）記者会見で、開始が一時間ちかく遅れたことからも、まったく予測できていなかったことがうかがえる。

昔から読売新聞と産経新聞は警察情報に強く、朝日新聞とNHKは検察情報に強いと言われてきた（記者の退職や転属によって変わってしまったが……）。それは、記者と捜査当局が内々に情報交換し、ときとしてお互いを利用しあったりする、ギブ・アンド・テイクの関係にあるからだ。当然ながら、その信頼関係の絆は強く、被害者（ここではソフトバンクBB）など置き去りにされてしまう。そんな事情から、寝耳に水のスクープは、しばしば被害者をあわてさせるのである。

当然ながら、読売新聞のスクープを知った他紙は、あわててソフトバンクBBに取材を申し込む。申し込まれたソフトバンクBBもあわてふためいた。ところが運悪く、孫正義社長は海外出張で不在だったために、方針が打ち出せない。仕方なくナンバー2に相談したものの、まだ事態を十分に把握できていなかった。この段階でマスコミの前に出るのは、何とも心もとない状況だ。

そこで広報・宣伝部長は、この難局をなんとか己の手で切り抜けるしかないと考えた。幸いにも同氏の前職は全国紙の経済部記者だったから、マスコミのことは熟知していた。それればかりか、心のどこかで記者団に対して親近感も覚えていたのか。それは、少し前まで同じ立場にいた仲間であり、対等な関係にあるという意識にもつながっていたのだろう。

しかし、これが裏目に出てしまった。つめかけた記者団から見れば、同氏は大量の情報漏洩を起こした問題企業の部長でしかなく、けっして対等な関係とは思っていない。とくに社会部の記者というのは、陰では孫正義社長ですら呼び捨てにするほどだ。そうでなければ、厳しい質問などできないからである。

したがって、記者団の本音としては、「なんで部長レベルなのか」「トップはなぜ出ないのか」「問題を軽視しているのか」と思ったにちがいない。しかも、寝耳に水の出来事だったために、広報・宣伝部長は「分からない。言えない」を連発。食い下がる記者団に、うすら笑いや苦笑いを浮かべながら、「なんで分かってくれないの」という調子の言葉をならべてしまったのである。

これには記者団も呆れた。史上最大の顧客情報の漏洩を起こしたわりには、期待よりも格下の人間が登場して、しかも満足な情報開示をしないのだから。腹のなかでは、読売新聞に先を越された不快感がうずく。一時間近く待たされた苛立ちも根底に横たわっている。これらが重なって、対立する感情は一気に高まっていったのだろう。

結局おさまりがつかずに、五時間後に副社長が再度の記者会見をし、三日後には孫正義社長も謝罪を余儀なくされたのである。役者不足の記者会見が起きる構図と、『受ける側』の心理についてご記憶いただければ幸いである。

■森ビルの場合

二〇〇四年三月二十六日、森ビルが「東京の新名所」と誇る六本木ヒルズで、痛ましい事故が発生した。大阪府吹田市の溝川涼君（6）が、自動回転ドアに頭をはさまれて死亡したのである。目の前で起きた惨劇に、母親は半狂乱になって泣き叫んだ。「早く来て！」と救急車を呼ぶ声は、広いビルの敷地にこだまし、あたりは騒然とした雰囲気につつまれたという。

六歳といえば、小学校入学を直前にひかえた可愛いさかりだ。あと一週間ほどでピカピカの一年生。真新しいランドセルも買って、親子ともども希望に胸をふくらませているころだ。私にも高校二年の息子がいるが、当時の姿を思い浮かべると、自然と笑みがこぼれてしまう。もちろん今でも十分に可愛いが、当時のあどけない可愛さは格別なものがある。

血を流して横たわる涼君の姿に、当時のわが子を重ね合わせると、背筋が凍る思いがする。子を持つ親なら誰でも同じだ。森ビルの森稔社長にも、同じ年ごろのお孫さんがいるらしい。ならば分かるはずだと思うが、森稔社長の場合はちがっていたようだ。なぜなら、森ビルの対応は、遺族の感情を逆撫でしつづけたからである。

事故が発生した当日、森ビルは最初の記者会見を開いた。登場したのは代表権を持たない鈴木武巳常務。開示した情報は、「同種の事故が二件確認できており、ほかにも一〜二件あったようだ」という曖昧なもの。その翌日、今度は森浩生専務が再度の記者会見を開き、「同種の事故は三十二件だった」と訂正。情報が間違っていた理由について、「二十六日の事故が起きるまで統計を取っていなかった。事故を受けて救護室の記録や事故速報などを調べたり、聞き取り調査をしたりして、初めてまとめた」とお粗末な実態を披露。有効な対策をとらなかった理由については、「大きな事故という認識をしていなかった」と白状した（朝日新聞・三月二十八日）。しかし、つづいて責任問題や処分について聞かれると、「捜査への協力や（事故の）原因究明が大事で現時点では経営陣の責任問題は考えていない」と語っている（日本経済新聞・三月二十八日）。

こうした報道に接して、涼君の遺族が味わった無念は察してあまりある。まず第一に、「なぜ社長が記者会見に登場して謝罪しないのか」と疑問を感じるだろう。「社長が出るほどの事故と認識していないのだろうか」と疑いたくもなる。「早々と辞任を否定するのも、罪の意識が稀薄だ」と推察してしまう。人は悲しみに暮れたとき、被害者意識と猜疑心に支配されがちとなる。したがって、森ビルの言動には残酷なまでに打ちのめされたにちがいない。実際、遺族は通夜にかけつけた森稔社長の焼香と献花を断った。葬儀に出向いた三和シャッターの高山俊隆社長も参列を拒まれた。厳しい仕打ちだが、記者会見という試練から逃亡したトップに、本心からの哀悼の意は期待できないと考えたのだろう。

事実、森ビルと三和シャッターは、事故の直後から責任のなすりあいをはじめた。回転ドアセンサーの感知範囲をせばめた経緯や、回転速度の変更について、真っ向から対立する主張をはじめたのである。これは遺族の悲しみに追い討ちをかける、最悪の展開だ。遺族という被害者の岸から見れば、森ビルも三和シャッターも加害者の岸にいる。その加害者同士がののしり合う様は、まったく無責任で無反省と映るからである。こうした両社の態度をみかねた警視庁も、事故発生から四日後という異例のスピードで家宅捜索に着手した。放置しておいたら、証拠湮滅《いんめつ》すらしかねないと考えたのだろう。

すべては、役者不足の記者会見からはじまっている。そこで本音が見抜かれているからである。

■小泉首相の場合

二〇〇四年四月末に勃発した年金の未納騒動は、中川（昭一）経産相、麻生総務相、石破防衛庁長官の三人、いわゆる未納三兄弟に端を発した。この騒動は『未納三兄弟』の名づけ親である菅直人民主党代表（当時）をはじめ、多くの与党・野党の国会議員にも飛び火し、最後には報道したテレビキャスター八人にも火の手が広がった。この茶番劇に国民は怒りを通りこして、すっかりシラけきってしまったのである。

とりわけ国民をシラけさせたのは小泉首相だった。みずからの未納については国会の場で「ない」と言い切っていたものが、後になって「未加入」という未納が発覚したからである。しかも、その説明をみずからせずに、飯島秘書官に記者会見を行わせたのだ。この秘書官、年金のことも勉強不足のうえ、言い訳も強引で高圧的だった。この直後にも、北朝鮮への米二十五万トン支援報道で、日本テレビに強烈な圧力をかけて問題にされた御仁だ。

結局、この説明では国民は納得しなかった。朝日新聞が実施した緊急世論調査では、五十二%の国民が「納得できない」と回答。「納得できる」の三十五%を大きく上回った。そして、同時に行われた内閣支持率調査では、ひと月前の前回よりも五%低下して四十五%となってしまった。自民党の支持率も三十三%から二十九%に下落。いかに国民が納得しなかったかが数字にあらわれている。

その影響は、直後の参議院選挙にも色濃くあらわれた。自民党は改選前の議席を確保できず、民主党の大躍進を許したのだ。小泉政権発足後、選挙戦ではじめての敗北だった。

秘書官というのは黒子だ。それが主演男優よりも目立っては話にならない。黒子が反省すべきなのは当然だが、それを許してしまった主演男優も過ちに気づくべきだ。首相は間接的ながらも国民が選んだ人だが、秘書官はまったくちがう。そんな人物では、役者不足以外の何者でもない。首相は国民に謝罪する意思もなかったようだが、釈明をするにも役者不足は避けるべきである。

分類五　頭を下げる方向を間違えた謝罪

大事なのはカミさん

元ニュースキャスターとの不倫疑惑が報じられたとき、菅直人民主党代表（当時）がマスコミに漏らした言葉は、「カミさんにバカタレと言われました」であった。このカミさんは、後に発覚した菅氏の年金未納問題のおりにも、亭主になりかわって釈明の記者会見をしている。余程しっかりもので、おっかない女房なのだろう。

この菅氏が吐いたカミさんへのエクスキューズの言葉は、ほのぼのとした印象ではあったものの、だれもが違和感を覚えてしまった。なぜなら、選挙民（国民）よりも、カミさんへの気配りを優先しているように感じたからである。

企業が不祥事や事故を起こした場合にも、ときとして同じような違和感のある謝罪をしてしまうことがある。ひと言で言えば、頭を下げる方向を間違えた謝罪だ。被害者や消費者に向けて詫びるべきところを、取引先や監督官庁に向けてしまうのである。

権力者や嫌われたくない相手に対して頭を下げる気持ちは、人情として理解できなくはない。しかし、危機管理という視点から見れば、タブーと言わざるをえない。なぜなら、謝罪というのは『怒りのもとを絶つ』ために行うもの。もとを絶たなければ、怒りの炎は何度でも息を吹き返すからである。

ここにご紹介する奇妙キテレツなお詫び広告は、危機管理の反面教師として、すえながく記憶にとどめていただきたい。

■丸紅畜産が出したお役所言葉の謝罪広告

まずは、次の「謹告」と表示された謝罪広告をお読みいただきたい。

「謹告　当社は、不当景品類及び不当表示防止法第六条第一項の規定に基づく公正取引委員会の排除命令に従い、少なくとも八十三の当社お取引先小売業者を通じて一般消費者に販売した鶏肉の取引に関し、一般消費者の誤認を排除するため、次の通り公示致します。当社は、遅くとも平成十一年四月ころから平成十四年二月ころまでの間、ブラジル産等の外国産の鶏肉であるにもかかわらず、国産の鶏肉であるかのように表示しており、かかる表示は、鶏肉の原産国について一般消費者に誤認される表示を行いました。当社の商品の表示におきまして、一般消費者に対しご迷惑をおかけしましたことを深くお詫び申し上げます」

これは二〇〇二年五月八日に、丸紅畜産株式会社（東京都千代田区）が全国紙各紙に掲載したものだが、意味不明だ。文中に「一般消費者に販売した鶏肉の取引に関し、一般消費者の誤認を排除するため」とある。察するに、われわれ消費者が何かの誤解をしているから、頭を切りかえてほしいと主張しているようだ。われわれを「一般消費者」と終始呼び捨てにしているところをみると、相当に怒っているらしい。しかし、文末には「一般消費者に対しご迷惑をおかけしましたことを深くお詫び申し上げます」とあるから、詫びているようにも感じられる。じつに不思議な文章だ。

不思議に思った私は、丸紅畜産に電話をして真意をたずねてみることにした。以下は、そのときの会話である。

田中「この謹告は、私たち消費者が何かの勘違いをしているから、頭を切りかえてほしいという意味ですか」

丸紅「えッ！　ちがいます。けっしてそんな意味ではありません。私どもが不当表示をしたのでお知らせをしたということです」
田中「それなら、何で私たち消費者を呼び捨てにしてあるのですか」
丸紅「………」
田中「本当に申しわけないと思っているのですか」
丸紅「それは当然です」
田中「それなら、どうしてこんな文章になるのですか」
丸紅「そ、それは、あの、公取の……」
田中「そうですか。公取から指示されたのですか」
丸紅「いいえ、その、……」
私は、これ以上追及するのをやめて電話を切った。気の毒に思ったのと、構図が読めたからである。
早速、インターネットで公正取引委員会のホームページを検索。そこには、驚くべき文章があった。公正取引委員会が丸紅畜産に出した排除命令である。じつに面白いので、その一部を紹介してみよう。
「公正取引委員会は、上記の者（丸紅畜産）に対し、不当景品類及び不当表示防止法

第6条第1項の規定に基づき、次のとおり命令する。
　主文　1　丸紅畜産株式会社は、少なくとも83の取引先小売業者を通じて一般消費者に販売した鶏肉の取引に関し、一般消費者の誤認を排除するために、遅くとも平成11年4月ころから平成14年2月ころまでの間、ブラジル連邦共和国産等の外国産の鶏肉であるにもかかわらず、国産の鶏肉であるかのように表示しており、かかる表示は、鶏肉の原産国について一般消費者に誤認される表示である旨を速やかに公示しなければならない。この公示の方法については、あらかじめ、当委員会の承認を受けなければならない。（以下略）」

どこか見覚えのある文章だと思ったら、前述した丸紅畜産の謹告とウリ二つなのである。これで意味不明な理由が判明した。丸紅畜産は公正取引委員会の示した文章を、そのまま引用したのだ。だから口調がお役所的で、一般消費者を呼び捨てにしてしまったのである。やむをえないことだったのかもしれない。なにしろ、排除命令のなかには「この公示の方法については、あらかじめ、当委員会の承認を受けなければならない」とあるのだから。
　しかし、いくら公正取引委員会が怖いからといっても、あまりにも消費者をないがしろにしすぎている。丸紅畜産は東北営業部長ら五人が、鶏肉の偽装で逮捕・起訴され、被告全員が起訴事実を認めている。したがって、現実に偽装された鶏肉を食べさせられた消費者が存在するのだ。ならば、被害者を〝一般消費者〟と呼び捨てにするなど、論外と言わざるをえないだろう。

ところが、その論外な謹告は、丸紅畜産だけのものではない。二〇〇二年五月二十五日には全農チキンフーズ株式会社（埼玉県戸田市）と鹿児島くみあいチキンフーズ株式会社（鹿児島市）が連名で、同年十一月十六日には株式会社ランディック（豊島区）が、ほぼ同一の謹告を出している。翌年の五月二十四日には日本生命が、がん保険の不当表示で、やはり同じような文面の謹告を出した。ただし、こちらは文末だけ一般消費者に〝皆様〟をつけているので、若干の進歩は見られるが、やはり五十歩百歩という印象はまぬがれない。

みなさん、よほど公取委が怖いようだが、頭を下げる向きを間違ってはいけない。迷惑を受けたのは消費者であり、企業を支えるのは消費者だからである。

■東急エージェンシーの頭越しの謝罪

この謝罪広告も、まず現物をお読みいただいたほうが分かりやすいだろう。

「お詫び　このたびの、一連の新聞報道により、株式会社セブン‐イレブン・ジャパンおよびお取引先に対しまして、多大なるご迷惑をお掛けいたしましたことを、謹んで深くお詫び申しあげます。今後は、一層のコンプライアンス経営の徹底を図り、ご迷惑をお掛けすることのないよう努めますので、よろしくご理解のほどお願い申しあげます。平成十六年六月二十五日　株式会社東急エージェンシー　代表取締役社長久保恭一」

文面だけからではなにを詫びているのか分からないので、少し背景をご説明しておきたい。発端は二〇〇四年六月二十一日の朝日新聞に掲載された記事だった。舞台は東京商工会議所の議員選挙。セブン‐イレブン・ジャパンの親会社であるイトーヨーカ堂のトップが候補になったため、東急エージェンシーが裏金を捻出して票集めをしたという話だ。社員や下請会社を使って、多数の個人事業主を仕立て上げ、商工会議所の会員にして票を獲得したというのだ。国会議員の選挙ではないので、選挙違反の罪に問われるわけではないが、不正であることは明白である。

ここまでならば良かったが、朝日新聞の報道は思わぬ方向に展開する。票集めだけではなく、東急エージェンシーはセブン‐イレブン・ジャパンに対して、事業の損失の穴埋めに二億円をこす裏金も提供していたと指摘。「芝浦のマンションの一室で、机の上に三千から四千万円の札束が置かれた」と生々しい場面まで暴露された。この報道の二日後に新聞各紙に掲載されたのが、冒頭の謝罪広告なのである。

よく考えてみたら、これが事実なら明らかな脱税行為だ。脱税は国庫という国民の財布からお金を盗む犯罪である。当然ながら、国民にもひと言詫びても良さそうなものだ。ところが、謝罪広告には、そんなくだりは一行もない。

結局、広告代理店の東急エージェンシーにとっては、たくさんの広告を出してくれるセブン-イレブン・ジャパンやイトーヨーカ堂が大切なのだ。一般消費者は顧客ではないから、忘れてしまうのだろう。しかし、こんな頭越しの謝罪をされたら、消費者の怒りはセブン-イレブン・ジャパンやイトーヨーカ堂のほうへも向いてしまう。なぜなら、不正選挙や脱税の罪を追及していけば、両社は東急エージェンシーと同じ岸にいるのだから。

分類六　**遅い謝罪**

声が出ませんでした……（堤会長）

訴訟社会の米国では、弁護士から「早い謝罪は裁判で不利になる」と言われることが多かったことから、遅い謝罪が是とされてきた。ただし、二十年も前の話である。

ところが、消費者運動の活発化や、ＰＬ（製造物責任）法などに見られる消費者保護の気運の高まりから、次第に風向きが変わってきた。少なくとも、一般消費者が被害者の案件では、遅い謝罪は厳しく糾弾されるようになってきたのだ。そこに、アカウンタビリティ（説明責任）を強く求める風潮が重なって、早期の情報開示と謝罪は不可欠なものになったのである。

しかし、遅れて訴訟社会を迎えたわが国では、つい最近まで「早い謝罪は裁判で不利になる」と思われていた。その結果、今でも謝罪が遅れてしまう企業があとを絶たない。背景に、時代錯誤な顧問弁護士の影が見え隠れするケースもある。

呆れてしまうのは、明らかに重大な過失や犯罪を犯しておきながら、謝罪が遅れるケースを見かけたときだ。ハナから裁判は不利なのだから、謝罪を遅らせる理由はどこにもないはずだ。にもかかわらず逡巡《しゅんじゅん》するのは、たんに往生際が悪いとしか言いようがない。

恐ろしいことに、時代錯誤や往生際の悪さは、思いのほか厳しい評価を受けることがある。無責任とか無反省という、きわめて悪質な印象の烙印《らくいん》を押されるのだ。ただたんに遅れたとは解釈してもらえないのである。

こうなると、謝罪の道は一気にけわしくなってくる。どんな言葉も疑いながら聞かれ、なにをしてもうがった見方をされてしまうからだ。その結果、被害者との溝は深まるばかりで、和解などはるか彼方に遠のく。当然ながら、なりゆきを傍観する一般大衆からも信用を失い、顧客離れがはじまるケースすらある。恐ろしい負の連鎖がはじまるのだ。

これからご紹介する三つの企業は、遅い謝罪によって負の連鎖の入り口にたってしまった。一社は一瞬にして消滅。残る二社はなんとかふんばってはいるものの、今後の不安は隠しきれない。読者の皆さんの企業において、不幸にもトップの謝罪が遅れそうになったとき、説得するための事例としてお使いいただければ幸いである。

■現場にダマされて謝罪が遅れた雪印食品

その衝撃的な告発の記者会見が開かれたのは、二〇〇二年の一月二十三日だった。日本中がBSE（当時は狂牛病）に震え上がっていたころである。告発したのは、西宮冷蔵という倉庫会社の水谷洋一社長だ。内容は「雪印食品がオーストラリア産の牛肉（レンジャーズバレー）を国産の牛肉に偽装して、国に買い取らせている」というもの。すなわち、BSE対策として行われた国産牛肉の買取り制度を、同社が悪用しているというのだ。

じつは、この二カ月半ほど前の二〇〇一年十一月の上旬、東京の雪印食品本社に偽装を指摘する情報提供があったという。ところが、同社は十分な調査もせずに、この情報を封殺してしまったのだ。そして、同社は水谷社長が記者会見を開くまで、「当社の品質管理や在庫管理の体制から見て、ありえない話だ」として全面的に否定していたのである。

雪印と言えば二〇〇〇年の六月、あの牛乳による集団食中毒が思い起こされる。雪印食品の親会社である雪印乳業が起こした事件だ。それだけに、国民の間では「また雪印か！」と、怒りが爆発した。

火に油を注いだのは、偽装が国民の口に入る商品にまでおよんだからである。国産牛肉の買取り制度の問題だけならば、焼却処分される肉なので直接的な被害はない。ところが、BSEが発生した北海道産の牛肉を、発生していない県の名前に偽装して販売していたのだ。さらには、輸入の牛肉や豚肉を国産と偽って販売していたことも発覚した。買取り制度悪用の偽装も、関西だけでなく本社や関東のミートセンターにまで広がった。しかも、偽装に使われたラベルが、子会社の北陸雪印ハムで印刷されていたことまで判明。グループぐるみの犯行が明らかとなったのである。

こうなると顧客離れのスピードは早い。朝日新聞に掲載された買い物客のコメントが、当時の消費者の気持ちを如実に物語っている。

「雪印の言うことは、すべてウソで固められている感じ。どこまで本当かわからない。雪印と名のつく製品すべてが不正をしている気がする」（二〇〇二年一月三十日朝刊）

これでは売れないはずである。スーパーなどの店頭からも、同社の製品は一気に撤去されていった。

偽装発覚からわずか三カ月後の四月二十六日、雪印食品は臨時の株主総会を開催し、会社の解散を決議した。じつにあっけない幕切れだった。買取り制度を悪用して得ようとした金額も、総額で九百六十万円と売上高一千億円規模の会社としては微々たるもの。虚脱感だけが残る事件だった。

振り返ってみれば二〇〇一年十一月の上旬、偽装を指摘する通報への対応を誤ったときから歯車が狂った。広瀬正夫・ミート営業部長（当時）が、偽装をした関西ミートセンター長の嘘を鵜呑みにしてしまったのだ。部下だから信じたのだろうが、張本人に直接聞くというのは、あまりにも稚拙すぎる。西宮冷蔵へ行って水谷社長から聞くのが常道だ。それができていたなら、早い段階ですべてを開示して謝罪することも可能だったように思えてならない。

問題を起こした張本人や現場の関係者は、反射的に嘘をつくものである。自己保身から被害を矮小化した報告もする。決意表明をふくめて事態を楽観的に予測してみせることもある。どれも結果としては、事実とちがう情報が経営トップに伝わることになるのだ。謝罪が遅れる最大の要因であることを忘れてはならない。

■気管支炎で遅れた？　西武鉄道会長の辞任会見

　絶対的な権力者は、しばしば謝罪が遅れてしまうものだ。周囲が身代わりとなって守ろうとしたり、遠慮して謝罪を進言できないからだろう。これを地で行ってしまったのが、関東の大手私鉄「西武鉄道」である。

　同社を中心としたグループが、埼玉県内の土地取引を装って総会屋へ利益供与していた事件は、二〇〇四年の三月一日にはじめて新聞報道された。伊倉誠一専務（当時）らが逮捕されたとき、戸田博之社長（当時）は「（逮捕については陳謝したが）正当な取引だった」と強弁していた。みずからの処分も、二十％の減俸一年というきわめて軽いものだった。当然ながら堤義明会長（当時）はなにもお咎めなし。専務らが起訴された直後の四月八日になって、ようやく戸田氏が辞任したが、やはり堤氏にはなにも処分はなかった。しかも、新旧社長の記者会見もなく、ペーパー一枚を配布しただけだった。

　これには、マスコミ各社も色めきたった。「大甘決着」とか「呆れた後始末」などと、辛辣な言葉を見出しにならべたてた。警視庁も腹をたてたのか、翌日の九日になって今度は神奈川県内の土地取引を装った利益供与で伊倉氏ら五人を再逮捕した。これには、さすがの堤氏も、頬かぶりを続けることができなくなってしまった。放置すれば司直の手がさらに広がり、みずからにもおよぶ危険性すら感じはじめたからにちがいない。

四月十四日、じつに事件発覚から一カ月半を経て、ようやく堤氏が記者会見を開いて辞任を発表した。曰く、「八日（社長辞任の日）には辞任を決めていたが、気管支炎で声が出なかったため発表を遅らせた」「社長に対する監督不行き届きの道義的責任を取った」と。

堤氏は事件発覚の直前まで日本経団連の理事職をつとめており、日本経団連には「自らを含めて厳正な処分を行う」と定めた企業行動憲章がある。それにしては、謝罪や処分があまりにも遅くて手ぬるいと言わざるをえないだろう。なぜなら、会長とは取締役会の会長であり、逮捕・起訴された専務取締役も直属の部下だからである。にもかかわらず、道義的責任とは……。

首を傾げてしまうのは、私だけではないはずだ。そうなると「気管支炎で声が出なかったため発表を遅らせた」というのも、どこか疑わしく感じてしまうのだ。少なくとも、同氏の剛健なイメージにはそぐわない。

新聞報道によれば、西武鉄道グループの財務体質は、自己資本比率が五・三％で有利子負債も九千億円と、けっして磐石とは言いがたい。そんななかで、西武鉄道グループの扇の要であり牽引車の堤氏を失うリスクははかりしれない。たとえ辞任したとしても、カリスマ性さえ失わなければ、オーナーの場合は〝顧問〟でも十分に機能しつづけるのだが……。

リクルート未公開株譲渡疑獄騒動の最中、当時のオーナー江副浩正氏が女装でマスコミから逃げまどう姿がテレビで放映された。途中でカツラもズレてしまったから、痛々しいまでに格好悪かった。社員は驚き失望し、彼は一気に社内でのカリスマ性を失った。それまでの権勢は、西武鉄道における堤氏と遜色のないものだった。はたして、「気管支炎で声が出なかった」によって、どの程度の失望を生みだしてしまったのか。また、こうした言動が後の証券取引法違反による逮捕と無関係だったと言えるのだろうか……。

■権力者が去って早くなったダスキンの謝罪

絶対的な権力者という意味ではダスキンの千葉弘二元会長も、西武の堤氏とくらべて遜色はなかった。したがって、やはり謝罪が遅れてしまった。

肉まん事件のあらましについては、「分類二」の「二転三転したダスキンの釈明」で書いたので、ここでは省略する。結論だけ言えば、嘘と隠蔽を繰り返した分だけ、謝罪も遅れてしまったのである。その遅れ、実に一年半。その結果、法人と元幹部が起訴された。

ところが、肉まん事件の半年後、同社は再び謝罪の遅れを犯している。二〇〇二年九月に発覚した「小石入り餃子」事件だ。大阪市、東京都千代田区、埼玉県川越市、札幌市の合計四カ所で、ミスタードーナツが販売した「エビ蒸し餃子」から小石が発見されたというもの。

九月八日から十三日にかけて見つかったが、販売中止をしたのは二十日になってから。それも新聞発表を行わず、店舗での張り紙だけの告知。しかも、張り紙には「小石混入のため」という表現はなかった。要するに、たんに販売を中止する「お知らせ」であり、謝罪ではなかったのである。よほど謝罪が苦手と見える（もちろん好きな人間などいまいが……）。

前述したとおり、同社の名前は二〇〇三年六月四日、再び新聞紙面をにぎわせた。大阪のデザイン会社スパイスを経由して、土屋義彦埼玉県知事（当時）の娘が関係する会社へ不明朗な支払いがなされたという特別背任の容疑だった。絶対的な権力者だった千葉弘二元会長も、ついに逮捕されて会社を去ったのである。

千葉体制当時の同社について、伊東英幸現社長は日経ビジネス二〇〇三年十月六日号の「敗軍の将、兵を語る」のなかでくわしくのべ、深い後悔と謝罪の念を語っている。現役の社長がこのコーナーに登場するのは、とても勇気のいることである。

絶対的な権力者が去って、はじめて謝罪の言葉が素直に出るようになったようだ。今後のダスキンに期待したいものである。

分類七　**足並みの乱れた謝罪**

「私は寝てないんだ」の石川社長（右）

正直なところ、この項は「入れるべきか否か」で少しまよった。幼稚園や小学校の学芸会でもあるまいに、足並みの乱れた謝罪について論じるのは、読者の皆さんに失礼ではないかと案じたからだ。しかし、現実に『足並みの乱れた謝罪の記者会見』というものが存在するのだ。それも、歴《れっき》とした一部上場企業が演じているのである。

二〇〇〇年の夏、私たちは立てつづけに二度見せつけられた。社長が記者の前で発言した内容を、隣に座っている部下が否定するようなドタバタ劇をである。最初が集団食中毒を起こした雪印乳業で、二度目はリコール隠しの三菱自動車だった。言うまでもないが、両社は消費者から許してもらえず、六年を経た今日にいたっても苦戦を強いられている。

当然である。最高責任者の社長が間違った内容を話す原因は二つしかない。社長が無責任で無関心なのか、あるいは部下が社長に真実を伝えていないのか、二つに一つだ(両方という可能性もなきにしもあらず)。どちらにしても、そんな会社を許す気にはだれもなれない。なぜなら、また同じ過ちを犯す危険性が高いと感じるからである。実際に、雪印乳業は子会社の雪印食品が肉の産地偽装を、三菱自動車は二度目のリコール隠しを起こしている。

謝罪の記者会見を成功させたければ、会場におもむく前に情報の再確認とセリフのすりあわせをしておくこと。そして、社長が間違ったことを話しても、その場で否定することだけは同伴する部下に禁止しておく。身振り手振りのサインを決めておいて、社長の言葉を中断もしくはペンディングにさせれば済むことだ。

なにやら学芸会レベルの情けない話になってしまった。賢明な経営者や企業の幹部のみなさんには、これ以上の講釈は必要ないだろう。それよりも、両社の失敗を疑似体験していただくことにしよう。

■「工場長、それは本当か」の雪印乳業

有名な映画や小説の中でも名セリフなるものが登場するが、謝罪の記者会見においてもときおりお目見えする。平成を代表する一番手は、なんと言っても雪印乳業の石川哲郎社長（当時）の「私は寝てないんだ」。ところが、私が一番手にランク付けしているのも、じつは同氏の「工場長、それは本当か」である。

ときは二〇〇〇年七月一日の午後三時、ところは雪印乳業西日本支社（大阪市北区）。同社が製造販売していた「低脂肪乳」集団食中毒に関する、謝罪の記者会見の会場での一幕だった。この時点での被害者数はすでに五千人におよんでいた。

臨場感を出すために、翌日の日本経済新聞の記事を引用してみよう。

「『工場長、それは本当か』。一日午後に開かれた記者会見で、雪印乳業の大阪工場長が黄色ブドウ球菌の温床となったとみられる乳固形分が製造ラインのバルブ内で見つかっていた事実を明らかにすると、それまで『なかった』としていた石川哲郎社長ら幹部は驚き、言葉を失った。会見では社長が食中毒騒ぎを知ったのが自主回収を始めた二十九日朝だったことも判明、社内の連絡体制の不備をさらけ出した。会見の冒頭、石川社長は『深くおわび申し上げます』と居並んだ六人の幹部とともに深々と頭を下

げて謝罪。バルブ内から黄色ブドウ球菌が検出されたことを明らかにしたものの、社長らは『菌が残っていたかどうかは、目で見ても分からなかったはず』としていた。ところが二時間に及んだ会見の終了間際、下野勝美大阪工場長が『バルブ内から十円玉ぐらいの乳固形分が見つかっていた。目で見ても分かった』と幹部の説明を覆すと、社長は『工場長、それは本当か』と驚きの声をあげた。同社西日本支社長も『全く知らなかった』と首を横に振った」

この記事の見出しは「工場長、それは本当か」であり、小見出しは「社長、会見中に知る」となった。これで名セリフは一躍有名になった。ちなみに、「私は寝てないんだ」の名セリフは、この三日後に行われた記者会見の終了後、エレベーターまで追いかけてきた記者との押し問答の最中に飛び出したものである。

こんな記者会見では許してもらえるはずがない。記者団は呆れ返って批判記事を書きたてるし、読者はそれを読んで怒りと不安を感じる。まして食中毒の被害者や家族の心中は、察してあまりある。同社は一気に悪役とみなされてしまったのである。

思えば、同社の転落劇は、この足並みの乱れた記者会見からはじまったと言っても過言ではない。後悔してももとには戻らないが、他社の参考にはなるだろう。同じ轍を踏まないために、是非とも記憶に残しておいていただきたい。

■「ちょっと違うね」の三菱自動車

雪印乳業による『足並みの乱れた記者会見』から一カ月もたたない七月二十六日、同じような記者会見が運輸省（現在の国土交通省）で開かれた。開催したのは、三菱自動車工業で、リコール隠しに関する謝罪の記者会見である。

このケースも臨場感を味わっていただくために、翌日の読売新聞の記事を丸ごと引用してみよう。

「この日、午後二時前から始まった会見で、河添克彦社長は冒頭、①意図的なリコール隠しはなかった②クレーム情報の一部を別管理し、運輸省に開示していなかった――などとする中間報告結果を大声で読み上げた。さらに、本社ロッカー室にクレーム報告書が隠されていたことについて、『隠ぺいしていたのではなく、一時保管していただけだ』などと強気の姿勢も見せた。また、河添社長は、同社では一九九二年ごろから、全国から寄せられるクレーム情報の半数に、『保留』『秘匿』を意味する『H』マークを付けて別処理し、少なくとも九八年四月以降は二万五千―三万件に上る『H』案件のすべてを運輸省に対して開示していなかったことを明らかにした。しかし、二重処理をした理由については『リコールが必要かどうか即断できないものが別処理されていた』などと説明した。だが、ほころびはすぐに露見した。報道陣がリコール隠しの有無を再三確認したのに対し、会見に同席していたトラック・バス技術品質部長が渋々、実はトレーラー牽引用車両の欠陥をめぐり、無届けで全ユーザーを対象に無償修理を行っていた事実を明らかにした。この瞬間、河添社長の顔色が一変した。この件についてまったく報告されず、会見の場で初めて知ったことを認めた上で、『結果としてリコール隠しになった』と前言を翻した。また会見では、人気車種『パジェロ』について、ブレーキ液漏れの恐れがあるとして九六年七月にいったんリコールしながら、約千四百台がリコール対象から漏れ、欠陥品のブレーキパイプが使われ続けていた事実が、報道陣から指摘された。同席した執行役員が『ブレーキパイプは通常、五年ぐらいで交換されるので、(追加の)リコールをしなかった』と説明した。だが、このずさんな処理についても、河添社長は『詳細は聞いていなかった』と明かし、がく然とした表情を見せた。余裕さえ感じられた姿勢から一転、目の前で次々と明らかになっていった不祥事に、河添社長は消え入るような声で『中間報告とはちょっと違うね』。森田運輸相にも伝えた中間報告について、『撤回するのか』と報道陣が質問したが、答える言葉が見つからず、絶句したままだった」

この記事の見出しは「知らされぬトップ…再び」であり、小見出しは「『重大事実』

部下が次々」となった。当然ながら、「再び」とは雪印乳業につづいてという意味だ。その根底には、「なぜ同じ過ちを繰り返すのか」という記者の怒りがあることを感じざるをえない。

今にして思えば、この足並みの乱れた記者会見は、四年後に再度勃発するリコール隠しを予告していたのかもしれない。危機管理意識の低さや、社内の風通しの悪さは、企業に繰り返し災難をもたらすからである。

■火災は天災か人災かでゆれた出光

二〇〇三年九月二十八日午前十時四十五分、北海道苫小牧市にある出光興産のナフサタンクは、周辺住民が懸念した通りに炎上した。二日前に起きた十勝沖地震でタンクの一部が破損し、出火する十時間も前からガスの匂いがたちこめていたのだ。苫小牧市の消防本部には住民からの通報があいついでいたが、出光興産からはなんの報告もなかったという。

三十日に記者会見した同社北海道製油所の石田和文所長は、出火の原因について「タンクの構造や耐震上の設計など、国の『技術基準』にも問題があった」と言いきった(朝日新聞・十月一日)。ひどい責任転嫁である。

翌一日、現地で記者会見した天坊昭彦社長は、火災の原因について「天災か人災かは現時点では不明」と説明した。ところが、その翌日になって対策本部長の稲井清男常務が、「天災とは言えない」と社長と食いちがう説明をしてしまった。まさに迷走と言わざるをえない。

こんな対応をしたから、マスコミの論調は厳しかった。とくに朝日新聞は辛口の本領発揮。同紙十月一日付「時時刻刻」の見出しは「甘い対応　高まる不信」で、七日の見出しは「出光、問われる危機管理　大家族主義、甘さ」という具合だ。

もともとは地震という天災が引き起こした事故であり、それほど厳しく糾弾されるたぐいの案件ではない。ところが、起こした問題よりも、謝罪の足並みが乱れたことによって批判が大きくなってしまったのだ。マスコミの鬱憤《うっぷん》は天坊社長の進退にまで飛び火し、辞任をするのしないので大騒ぎ。あと一歩のところで、新聞辞令による退陣を余儀なくされるところだったのである。

足並みの乱れた謝罪の弊害を如実に物語る事例として、他山の石とすべきだろう。

分類八

安易な賠償が先走る謝罪

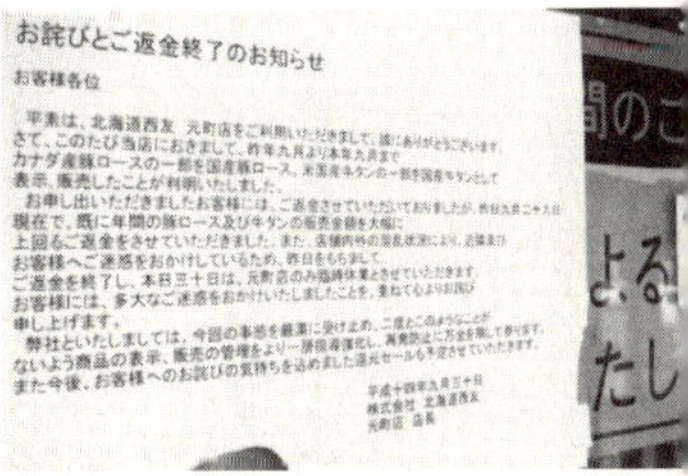

西友は金も信頼も失った……

賠償とは『他に与えた損害を償うこと』であるが、その目的は許してもらって信用を回復するところにある。一般的には『謝罪』や『処分』が終わってから、最後にダメ押しとして『賠償』を行う。言いかえると、ある程度許してもらった段階で申し出るのが普通である。

いきなりお金をチラつかせるのは不躾《ぶしつけ》な印象を与えるし、相手のプライドを傷つける恐れもある。しかも、簡単にお金を出してしまうと、足元を見られて上乗せを求められる危険性もあるのだ。したがって、賠償を口にするタイミングは慎重に見きわめなければならないのである。

ところが、最近の傾向として、いとも簡単に賠償を提示してしまう企業が少なくない。消費者の側がしたたかになってきたため、企業の側が弱気になってきているのだ。「賠償に応じなければマスコミに通報するゾ」とか、「同業の○×社は賠償に応じてくれたのに、おたくは対応が悪いゾ」などと、慣れた口調で〝口撃〟してくる。〝一億総クレーマーの時代〟と言っても過言ではないくらいだ。

一方、企業の内部にも理由がある。気骨ある上司が減り、愛社精神旺盛な社員も数少なくなっていることから、頑丈な砦《とりで》を築くことができないのだ。体を張って会社を守ったり、土下座をしてでも食い止める人材が見当たらないのである。したがって、「お金で済むなら払ってしまえ」ということになる。

これからご紹介する事例は、早い段階で賠償を口にしたため、思わぬ展開をまねいたものばかりだ。誠意が必ずしも通用しないという、謝罪の難しさを象徴する出来事を、じっくりと味わっていただきたい。

■販売額の三倍も返金したのに批判された西友

時代を象徴するような騒ぎが起きたのは、二〇〇二年九月末のことだった。場所は札幌市東区にある西友元町店。騒ぎを起こしたのは、茶髪に顔ピアスにサングラスの若者を中心とした〝自称〟西友の顧客である。

顚末をかいつまんでご紹介してみよう。

埼玉県にある西友の狭山市駅前店に新任の畜産マネージャーが赴任したのは、二〇〇二年九月一日のことだった。新任地の状況を把握するために前任者の伝票類を点検していたところ、おかしなことに気づいた。伝票は明らかに産地偽装が行われていることを示していたのだ。早速、本社に連絡したところ、西友は全店に偽装の有無をチェックさせることにした。

その結果、北海道の西友元町店でも、二〇〇一年の九月から翌年の九月までの一年間、カナダ産豚ロースと米国産牛タンを国産と偽って販売していたことが判明。驚いた同店は自ら偽装を告白し、誠意をもって現金で返金することにした。ここまでは模範的な対応と言っても過言ではない。

ところが返金は、思いのほか急増した。初日の九月二十七日には約五十万円だったものが、翌二十八日には約七百三十万にふくれ上がり、翌二十九日には一挙に四千万円に達したのだ。原因は、レシートの提示も求めず、言い値を支払ったからである。しかも、名前も住所も聞かずにだ。

この噂は、携帯電話やインターネットを通じて一気に広がり、千五百人もの人が押し寄せることになった。驚いた元町店はあわてて店を臨時休業して、返金をすべて打ち切らざるをえなくなってしまったのだ。この突然の措置に、今度は集まった客が怒り狂った。警備員にまでつめよって首をしめたものだから、パトカーまで出動しての捕物騒ぎにまで発展したのである。その様子がテレビによって全国のお茶の間に紹介されたのは言うまでもない。週刊誌も喜んで後追い報道をした。前述した返金額は、週刊朝日の記事から抜粋させていただいたもの。

こうして西友の偽装は、思わぬ展開から全国規模のニュースになって知られることになった。当然ながら、西友のイメージは深く傷ついた。東京新聞が十月二日の「こちら特報部」で使った見出しが如実に物語っている。

「そして、金も信頼も失った」「対応あいまい」「展開予測せず」

誠意をもってした賠償が、被害者からの許しも得られず、社会からの信頼回復にもつながらなかった、悲しい事例である。

■受け取られていないソフトバンクBBのお詫びの金券

ヤフーBBの契約者情報が四百数十万人分も流出した顚末は、「分類二」で説明させていただいたので、ここでは賠償にしぼってのべさせていただくことにする。

二〇〇四年の二月二十四日に流出が新聞報道されると、そのわずか四日後には運営母体のソフトバンクBBが五百円の金券を郵送すると新聞広告で伝えた。情報を流出された対象者へのお詫びのしるしだという。その総額、実に約四十億円也。

ところが、それから三カ月余を経た五月の二十八日時点で、実際に換金した会員は半数にも満たない百八十八万人だったという（六月一日・日本経済新聞）。当然の結果だろう。五百円くらいを、わざわざ金融機関まで換金に行かなければならないのだ。

換金されなければソフトバンクBBは負担が少なくて済んでしまう。一見すると目出たい話のようだが、さにあらず。賠償が完遂されていないのだから、許してもらえたと解釈するわけにもいかない。結局、会員の半数以上から許してもらえていないわけだ。後に、一部の会員から損害賠償を大阪地裁に提訴され、一人六千円の賠償命令が下されている。

同社の賠償は別の危険性もはらんでいる。

一つは、賠償にかかった費用が、株主代表訴訟の対象にもなりうる点だ。これは日経ビジネス誌も二〇〇四年三月八日号で指摘している。話は少し脱線するが、この原稿を書くためにネット検索をしてみたところ、面白いメールを発見した。なんと、ヤフーBBの会員でもない人のところに、くだんの金券が送られてきたというのだ。しかも、二枚も。事実ならば、まったくの無駄金であり、大量ならばこちらも株主代表訴訟の対象となりかねない。実物の写真も掲載されているから、嘘ではないだろう。この人、まったく入会したこともなかったそうだ。なぜ自分の住所をソフトバンクBBが知っているのかもナゾだという。

もう一つは、個人情報の流出が企業へのテロの武器になることを知らせてしまった点だ。トップの女性スキャンダルなどとは比較にならない破壊力なのだ。実際、直後にはジャパネットたかたなど、多くの企業が情報漏洩テロの標的にされている。

ソフトバンクBBは言うにおよばないが、他の顧客情報をにぎる企業も、すえながくおびえつづけることになるだろう。あるいは、データの管理に莫大なコストをつぎこむことになるにちがいない。安易な賠償が残した、迷惑な置き土産である。

分類九

処分のともなわない謝罪

好感を持たれた高田社長

人間という動物は、おもに言葉によってコミュニケーションをしているが、それだけではない。身振りとか手振りをまじえたりもするが、最終的には〝まなざし〟という目を使った意思表示も加えるものだ。たとえば入社試験の面接あるいはプロポーズなど、真剣な場面になればなるほど重要視して用いる。

なぜならば、言葉には伝達能力に限界があるからだ。電話口で「好きです」とか「愛してます」と大声で叫んでも、封筒におさまりきらないほどの枚数のラブレターを書いても、熱い〝まなざし〟をそえた言葉にはかなわない。それを人は経験から知っているのだ。

逆に、言葉だけのコミュニケーションによる失敗も経験している。言葉巧みなキャッチセールスや、口八丁手八丁の女たらしに、大なり小なり出くわしているのだ。だから、言葉だけを信じることに臆病になっているのである。

したがって、謝罪をするにも、言葉だけでは十分とは言えない。もちろん真剣な〝まなざし〟も必要だが、謝罪にはさらに不可欠なものがある。それは処分だ。しかも、痛みをともなう処分でなければ意味がない。なぜならば、この痛みこそが、真剣さすなわち反省や後悔のバロメーターとみなされるからである。

ところが、問題を起こした企業の謝罪を観察していると、ときおりではあるが言葉だけで済まそうとする例を見かける。そんなとき、私は歯がゆい気持ちでいっぱいになってしまう。「何のために謝罪をしているのか！　本当に許してほしくないのか！」と叫びたくなるのだ。

これからご紹介する二つの事例は、トップが哀れなほど頭を下げたが、肝心な処分が欠落したものである。ご当人自身は完全に許されていないことに気づいてもいないご様子だ。残念ながら周辺に、それを伝えるスタッフもいないのだろう。ならばあえて憎まれ役になって苦言を呈してみよう。両社および今後謝罪する多くの企業のために……。

■処分から見えるトヨタの本音

どれだけ多くのジャーナリストからトヨタの悪口を聞かされたことだろう。「大量に広告を出してもらっているから言えないが、少しでも減ってきたら書いてやるんだ」とか、「いずれ最近のソニーのように叩かれる日が来るだろう。勝っているときに抑え込んだものは、負けたときに倍になって返ってくる」などと、物騒な本音をぶつけてくる人もいた。私が以前にトヨタ系の部品メーカーに勤務していたことと、ときおりトヨタの危機管理を賞賛する記事を書いてきたからかもしれない。

二〇〇三年の師走、その衝撃的なニュースは国土交通省によって発表された。

「十一月三十日に実施した一級小型自動車整備士技能検定筆記試験の問題の一部が、出題が適正かどうかを審査する『検定専門委員』を務めたトヨタ自動車本社の課長を通じて、同社系列販売会社などに事前に漏れていた」

というのだ。

当時マスコミは、日本テレビが視聴率を不正操作したとして、同社の社長が降格されたニュースを報道していた。「処分が甘い」という論調が大半を占め、「問題を軽く見ている」と批判されていた。そんな最中の出来事だけに、トヨタの処分には注目が集まっていた。だれもが社長の辞任までも予測していたのだ。当然である。視聴率の不正操作にくらべたら、国家試験問題の漏洩は、はるかに罪が重いからである。

顚末をくわしくご紹介してみよう。

試験問題は国土交通省によって作成され、検定委員会で二十五人の検定専門委員によって審査される。同委員は、学識経験者およびメーカー十二社から推薦された技術者の集まりだ。その地位は当然ながら、公務員とみなされる。したがって、国家公務員法にもとづく守秘義務の順守が課せられるのは言うまでもない。さらに、メーカーからの推薦によって選ばれる以上、委員に不正があれば推薦したメーカーにも責任はある。

自動車整備士の国家資格制度は一九四九年に発足。五一年に改定。技能検定には一級、二級、三級、特殊など全部で十四種類ある。しかし、一級は制度こそあったものの、そこまで高い技能を必要としなかったため、試験は行われていなかった。それが、自動車のハイブリッド化が進むにつれて必要となり、二〇〇二年度にはじめて一級小型自動車整備士技能検定なるものが実施された。当然ながら、一級は整備士の中では高嶺の花で、取得すれば「カリスマ整備士」とまで呼ばれるのだ。初年度は約九千人が受験して、わずかに三百三十人が合格。実に三十倍近い競争率である。

そのカリスマを選ぶ二〇〇三年度の筆記試験で、全五十問中の三十八問がトヨタ系列の販売会社にもれていたのだ。国土交通省から試験問題のチェックを頼まれたトヨタ所属の検定委員が、その問題を上司（技術・人材開発室長）にメールで送った。それを上司が他の問題と一緒にして問題集を作成し、系列販売会社向けのホームページで公開。丁寧にも、三十八問には＊印がつけられ、「注意するように」との注釈もあったという。しかも、ホームページは試験直後に削除されたそうな。

調査が進むにつれ、初年度の筆記試験でもトヨタ系列には八問の問題が漏洩していたことが判明。カリスマと呼ばれる整備士資格の権威と、トヨタの信用は地に堕ちてしまったのである。

この問題が発覚してからのトヨタの動きはけっして悪くはなかった。その日に対策本部が設置され、翌々口には張富士夫社長以下首脳が記者会見を開いて陳謝。十日後には社内調査の結果と処分を発表している。

ところが、処分の内容に注目してみると、呆れ返るほど甘い。問題を漏洩した張本人すなわち検定専門委員の課長は、七日間の出勤停止。問題をホームページに掲載した室員も、同じく七日間の出勤停止。両人の上司である技術・人材開発室長は諭旨退職。所属するアフターマーケット本部サービス部の最高責任者である岩月一詞副社長が、三カ月間四割の減俸というもの。驚いたことに、奥田会長と張社長には処分はなく、両者が役員報酬を三カ月間五割を〝自主返納する〟という(朝日新聞・十二月十三日)。

一方、トヨタは系列販売店の受験者に対し、合格の辞退を求めた。力関係からして、この要求に販売店の整備士はしたがわざるをえないだろう。さぞかし無念だったにちがいない。少なくとも一年間、仕事を終えて疲れきった体にムチ打って勉強してきた努力が、一瞬にして水の泡と化したのである。どんな思いでトヨタの処分を受け止めたのか、想像しただけでも恐ろしい。

そんななかで、トヨタは茶番劇を演じて失笑を買った。奥田会長が日本経団連の会長として、張社長を呼び出して漏洩事件を叱ったというのだ。責任を感じて自主返納した人が、同じく自主返納した人を叱るとは、これいかに。不思議に思ったのは、私だけではなかったにちがいない。

冒頭にもご紹介したように、マスコミは今のトヨタの批判は書きにくい。なんといっても国内では九年連続して広告費ナンバーワンの座に君臨している会社だ。その額、ナンと約一千億円におよぶ。しかし、今回の甘い処分によって、内心では反感を抱くようになった。ちなみに、どれだけ甘いか、NHKの処分と比較してみよう。

二〇〇四年七月二十三日、プロデューサーの不正支出約五千万円が発覚したNHKは、以下のような処分を発表している（朝日新聞・二十四日）。

磯野克巳ラジオセンターチーフプロデューサー……懲戒免職
天海修一番組制作局芸能番組センター長……解職、停職六カ月
柳昌之番組制作局芸能番組センター部長……解職、出勤停止七日
中村季恵番組制作局長……減給
海老沢勝二会長……減給三〇％三カ月
関根昭義放送総局長（専務理事）……減給一〇％三カ月
出田幸彦放送総局副総局長（理事）……減給一〇％三カ月

この処分（注・後に処分をさらに重く変更）ですら「甘い」という指摘もあったくらいだから、国家試験の問題を漏洩したトヨタは、もっと重くしておくべきだったのだろう。

処分を受けると叙勲などが遠のくとでも思ったのか。あるいは、たかが整備士の国家試験とでも思ったからなのか。どちらかは分からないが、トヨタの首脳たちが、みずからに甘いことだけはたしかだ。そして、日本テレビやNHKなど、ちかい時期に厳しい処分をしたマスコミから、良い印象を持たれていないこともたしかである。

■ソフトバンクBBとジャパネットたかたの違い

ヤフーBBの契約者情報の漏洩が報道されてから約二週間後（二〇〇四年三月九日）、今度は通信販売大手のジャパネットたかた（長崎県佐世保市）の顧客情報漏洩事件が新聞各紙に掲載された。毎日新聞社にB4判のコピー四枚、約百五十人分の情報が送りつけられたことにより発覚。同紙が朝刊でスクープし、他紙が夕刊で追った。住所などの情報のメンテナンス状況から、一九九四年七月から一九九八年七月に契約した顧客六十六万人の一部ということが判明。一九九八年当時、盗難によって外部に流出した模様だ。少し古い話にもかかわらず、ヤフーBBの漏洩を契機に突如としてむし返されたのである。

ジャパネットたかたの高田明社長は、毎日新聞に報道された当日の午前、すぐに記者会見を開いて漏洩を認め、深々と頭を下げて陳謝した。そして、同時に「当面の間、営業を自粛する」と、厳しい処分を発表した。画面を通して見た高田社長の目には、うっすらと涙が浮かんでいるようにも見えた。

店舗を持たない同社がテレビ、ラジオでの通信販売を自粛するということは、すなわち開店休業の状態におちいるということだ。そんな重大な決定を、即日に発表したのだから、なみなみならぬ決意である。高田社長は後に新聞のインタビューで「瞬間的には会社を解散してもいいぐらいに思いました」とのべている。また、そのなかでは、一カ月半の営業自粛によって、百三十億円の減収となったことも明らかにしている（日本経済新聞・二〇〇四年七月二十六日）。

一方、ヤフーBB（漏洩はソフトバンクBB）は、営業自粛はしていない。漏洩がさかんに報道されている最中にも、タレントの広末涼子さんによるCMが大量に流され、街頭でも真っ赤なジャンパー姿の勧誘員が目立っていた。少々違和感のある光景に思ったのは、私だけではなかったはずだ。同社は孫正義社長が「三月には確実に四百万回線を獲得する」と宣言した直後だったので、自粛ができなかったのかもしれない。

結局、ソフトバンクBBが発表した処分は、孫正義社長を減給五割・六カ月、宮内謙副社長と筒井多圭志取締役を減給三割・三カ月、という内容だった。あえて加えるなら、五百円の金券の合計四十億円である。私の見落としかもしれないが、それ以外の処分は見当たらない。同社が二〇〇四年三月二十九日に出した新聞の全面広告にも、孫正義社長が日経ビジネス誌の「敗軍の将、兵を語る」で語った四ページにもおよぶ懺悔のなかにも、処分の言葉は見当たらなかった。

記者会見やお詫び広告やマスコミへのコメントを通して、孫正義社長は数えきれないほどの謝罪を表明している。その数はジャパネットたかたの高田社長をはるかに上回っている。しかも、ジャパネットたかたはお詫びの金券を送っていない。しかし、好感を持たれて許されているのは高田社長である。

謝罪における思いきった処分の大切さを教えてくれる、対照的な二つの事例である。

■『けじめ』ではケジメにならなかったNEC

その事件は、一九九八年の九月に発覚した当時は「NEC水増し請求疑惑」と呼ばれていた。それが一カ月後には「調達実施本部の巨額背任事件」と呼称が変わり、最終的には「防衛庁証拠湮滅疑惑」と命名された。まるで出世魚のようだが、この名称をならべただけで、事件の概要を思い出していただけたにちがいない。

事件の名称と同様に、NECのコメントも猫の目のように変遷していった。

・九月三日、NEC子会社の東洋通信機・元防衛事業推進室長が逮捕されたときのコメント。

「個人的な関与であり、当社とは何らの関係もない」

・九月十日、NECの官公営業グループ支配人と、同社の元常務で当時は日本航空電子工業社長が逮捕されたときのコメント。

「二人がなぜ逮捕されなければならないのか、いかなる罪に問われるのか率直に申し上げて理解に苦しんでおります」

・十一月六日、水増し請求の二重帳簿が発覚したときのコメント。

「誠に残念なことではあるが事実」

・十一月九日、防衛庁だけでなく宇宙開発事業団への水増し請求まで発覚したときのコメント。

「深く反省し、心からおわびを申し上げる。返納額が確定し次第速やかに返納する」

この強気のコメントが弱気のコメントへと急転換するはざまに、NECのドンとか中興の祖と呼ばれた関本忠弘会長（当時）が辞任している。十月二十三日のことだった。その記者会見の模様を新聞の記事からひろってみよう。

「『道義的かつ社会的にけじめをつける』。長年、NECに君臨してきた関本忠弘会長はこう言って、二十三日昼、突然、辞任を明らかにした。（中略）辞任の記者会見は午後零時半から東京都港区の本社で始まった。冒頭で、関本会長は『私は、NEC及びそのグループのトップとして、世間をお騒がせしたことに対し、心からおわびを申し上げる』と切り出した。（中略）質問が組織的な関与の有無に及ぶと、関本会長は『事件は防衛に関する二つの部門においての問題であって、そこにおける組織ぐるみのものではある』とこれを肯定。しかし、自らの辞任については『経営上の責任を取ったということではなく、あくまでもトップとして、社会的道義的なけじめをつけたということだ』と繰り返した。（以下略）」（朝日新聞・十月二十三日夕刊）

この段階でNEC関係者の逮捕は、元専務らをふくんで十人におよんでいた。にもかかわらず、引責辞任という処分ではなく、単なる『けじめ』と主張したのだ。これでは許してもらえるわけがない。前述したように、辞任した後も厳しい追及と批判はつづいて、NECは全面的に白旗を掲げざるをえなくなってしまうのである。

トップ、とりわけ強大な権力者の辞任は、謝罪の切り札と言っても過言ではない。マスコミも「大将の首を取った」ということで、批判の矛をおさめることが多いからだ。ところが、『けじめ』では落ち武者として逃げのびるも同然だから、追跡は終わらないのである。

古今東西、「引責ではなくケジメだ」と言って辞めるトップは少なくない。多くの場合、最後は会社から〝石もて追われる〟結果となっているようだ。『わが身を挺して会社を守った人』という評価を得られないからだろう。どうせ辞めるなら、会社と自身のために最大限に活かさなければ損である。処分のともなった謝罪をおすすめしておきたい。

分類十　早とちりの謝罪

まれにではあるが、人は問題が露呈したとき、収束を急ぐあまりに『早とちりの謝罪』をすることがある。「分類六」の『遅い謝罪』と比較すれば、その印象はそれほど悪くないものの、思いのほかダメージが大きくなる場合が少なくない。問題を軽視しているようにも見られるし、被害の拡大防止や再発防止に不安が残ってしまうから、なかなか許してもらえないのだ。

さらに、早とちりをするということは、後から真実が判明したとき、再び謝罪をしな

とちった兼子社長

ければならないということだ。そのたびに処分を問われて、経営陣が弱体化する恐れもある。あるいは、謝罪をしたがために、悪くもないのにイメージが低下したり、冤罪《えんざい》をきせられる場合もある。どちらにしても、損な話である。

早とちりをする原因は様々だが、発生頻度の高い順にならべると次の三つだ。

(一) 事件や事故が発覚した直後の情報収集が遅れて事実確認ができなかった。

(二) 事件や事故の全体像が見えていないため展開の予測を誤った。

(三)『別の問題』が露呈するのを恐れて早期決着を焦った。

この三つに該当する事例をご紹介するとなると、少々古い事例も引っぱり出さなければならない。当時の新聞記事などを引用するので、記憶を呼び起こしながらお読みいただきたい。

■冤罪だった雪印乳業の大阪工場

「分類七」でも触れたように、雪印乳業の集団食中毒が発覚したのは、二〇〇〇年六月二十八日だった。この日、大阪市が同社の大阪工場を立ち入り検査し、製造・販売の自粛や自主回収を指示。翌二十九日の深夜の時点で、約二百人に嘔吐・下痢・腹痛などの症状が見られた。被害は大阪・和歌山・兵庫・奈良・京都など、西日本の各府県にまたがり、和歌山では二人が入院した。

翌日の三十日には、和歌山市衛生研究所によって、発症者の飲み残しや未開封の製品から黄色ブドウ球菌が検出された。しかし、この段階では、まだ病原の断定にはいたっていなかった。この時点での発症者数は、すでに三千五百人を超過。

発症者が五千人を越えた七月一日、雪印乳業の石川哲郎社長（当時）ははじめて記者会見を開いた。そこで明らかにされたのは、同社の驚くべきズサンな実態だった。

まず、同社がはじめて発症者を確認したのは二十七日午前。石川社長が知ったのは二十九日の午前九時ごろで、大阪市が大阪工場を立ち入り検査した翌日だったという（朝日新聞・七月二日）。これでは対応の遅れは避けられない。

次に、同社が発表した原因も驚くべき内容だった。問題の低脂肪乳の製造ラインのバルブの弁から黄色ブドウ球菌が検出されたが、週一回と定められた洗浄を二度もおこたっていたというのだ。しかも、前述したように、その製造ラインから十円玉大の乳固形分が発見されていながら、石川社長に知らされていなかったことも記者会見で露呈。

記者会見の翌日、大阪市は大阪工場を無期限の営業停止処分とした。大阪府警も、業務上過失傷害の容疑で、同工場の現場検証をはじめたのである。あまりにお粗末な記者会見を見て、市も府警も放置できなくなったのだろう。

マスコミ各社も徹底的な情報収集に動き出し、次から次へと驚くべき報道がなされた。「乳固形分はバルブの弁からだけでなく、内部全体に乳成分の膜が付着しており、雪印側はそれを大阪市の立ち入り検査に際して隠していた」(毎日新聞・七月四日)。「低脂肪乳だけではなく雪印毎日骨太や雪印カルパワーも、同じ汚染された製造ラインで製造されていた」(読売新聞・七月五日)。「雪印日野工場では設備洗浄記録残さず。東京都が使用中止を指導」(日本経済新聞・七月六日)。「黄色ブドウ球菌が検出されたのと同じ仮設配管が、札幌・仙台・静岡・北陸・高松の五工場でも」(朝日新聞・七月六日)。

こうした厳しい報道を受け、七月六日に石川社長および三人の役員は引責辞任を表明した。同時に大阪工場の閉鎖も発表した。しかし、その後も学校給食やスーパーの店頭から同社の製品をしめ出す動きは全国に広がり、ダメージはますます深くなっていった。

また、マスコミの厳しい報道もエスカレートするばかりだった。「黄色ブドウ球菌が検出された大阪工場のバルブ内から、別の食中毒菌のセレウス菌も検出」(日本経済新聞・七月七日夕刊)。「雪印返品を再利用。期限切れ混入も。屋外で素手で開封・調合。違反再利用、複数工場で」(朝日新聞・七月十一日)。

これらの報道を受け、雪印乳業は七月十一日深夜、全国二十一カ所の牛乳製造工場の一時操業停止を発表した。この措置によって、大手のコンビニやスーパーは、雪印の全商品を全店から撤去。店頭から雪印の棚は消えたのである。

一度消えた店頭の棚は、容易には戻ってこない。コンビニやスーパーとしては棚を空けておくわけにはいかず、他の商品で埋めてしまうからだ。急きょ埋めるためにコンビニやスーパーは他のメーカーに無理な増産・納品の依頼をしなければならない。その結果、雪印が生産を復活してももとには戻せないというわけだ。今でも雪印乳業の復活をはばむ大きな原因のひとつになっているのである。

ちなみに、食中毒の原因は大阪工場ではなかった。同社の大樹《たいき》工場（北海道大樹町）が各工場へ出荷した脱脂粉乳が原因だったのだ。同工場で停電が起きて、原料タンクが高温のまま三時間も放置されたことにより、黄色ブドウ球菌が繁殖して毒素に汚染されたというのが真実だった。結局、大阪工場のバルブ犯人説は冤罪、すなわち、『早とちり』だったのである。真実にたどり着くまでに報道されたことが、雪印の命取りとなったことは言うまでもない。もっと早く大樹工場にたどり着いていたなら……と思うのは私だけではないはずだ。

■十五日だけの第一勧銀頭取候補

総会屋グループ代表・小池隆一代表への利益供与で、四大証券と第一勧業銀行（当時）

の幹部が多数逮捕されたのは、一九九七年の春から秋にかけてのことだった。最終的には大蔵官僚の収賄事件にまで発展した、いわゆる戦後最大と言われる金融不祥事の発端である。

最初は野村證券による小池隆一代表への利益供与にはじまったが、途中からは第一勧銀から小池隆一被告への不正な融資に焦点が移されていった。同行の近藤克彦頭取（当時）の辞任を受け、五月二十三日に藤田一郎副頭取（当時）が次期頭取候補としてマスコミに紹介された。しかし、同行は六月十日には、謝罪とともに杉田力之氏を次期頭取として紹介している。じつは、二十三日の発表から間もなく藤田氏は東京地検特捜部の事情聴取を受け、六月十三日には逮捕されてしまったからである。

当時の様子を十一日の朝日新聞が次のように伝えている。

「第一勧銀が事件に関する釈明と藤田氏を含む新しい経営陣の体制を発表したのは五月二十三日だった。その日の夕方、東京地検の幹部は一瞬、けげんそうな表情を見せた。別の検察幹部は『早い人事だなあ』と皮肉っぽくつぶやいた。次期頭取に藤田氏が就任するという発表内容を知ったときだった。第一勧銀側は、事件との関係を無視して新布陣を敷いたわけではない。しかし、総会屋グループの小池隆一代表への利益供与に問われかねないと想定していたのは、一九九四年十月、小池代表が支払わなかった利息六億千六百万円を追加融資した問題だった。このとき藤田氏は関西の支店を統括する役員で、大阪支店に常駐していた。本店に戻り融資の審査に携わったのは半年後だ。『安全圏』のはずだった。『頭取就任発表』の二週間後、元常務ら四人が逮捕された。容疑は全く予想外の百十八億円のう回融資だった。仰天した第一勧銀にとって、もはや人事の白紙撤回以外、残された道はなかった。藤田氏自らも内定辞退を申し出たという。『十五日間だけの頭取予定者』だった」

まさに展開の予測を誤った『早とちり』だ。このチグハグな対応は第一勧銀のイメージを深く傷つけてしまった。当然である。出直しを誓ってトップに押し出した人間が、その直後に逮捕されたのだ。第一勧銀にはクリーンな人間はいない、という印象を国民に強く植えつけてしまったのである。

■悪くもないのに詫びた日本航空の社長

その事故は、二〇〇一年一月三十一日に発生した。韓国・釜山発成田行き日航958便と羽田発那覇行き日航907便が、駿河湾上空で異常接近。両機とも下降して衝突を回避したため、さらに接近。907便があわてて急降下した結果、乗客・乗員四十二人が重軽傷を負ったというものである。事故の原因は、管制官が便名を間違えて、958

便に出すべき「降下」の指示を907便に与えたという、きわめて初歩的なミスだった。

　ところが、日本航空は事故に関する情報開示が遅れた。当初は「機長組合が機長に弁護士をつけたため情報が取れなかった」と言われていたが、後に「安全担当セクションの職員が帰宅したため」などと、その原因すら明らかにできないありさまだった。どちらにしても、十分な説明がなされなかったため、マスコミは日本航空を厳しく批判しはじめた。多くのメディアは「日本航空の労使関係の悪さが根底にある」と書きたてたのである。

　この展開には日本航空も困った。ただでさえ危うい労使関係がますます悪化してしまうことを恐れたのではないだろうか。「何としても早期に収束させなければ」と考えたとしても不思議はない。

　事故からわずか二日後の二月二日、兼子勲社長は記者会見を開いて、深々と頭を下げて陳謝した。曰く「関係者やお客様に大変ご心配、ご迷惑をおかけした。社内に事故調査委員会を設け、再発防止に努めたい」と。不思議なことに、国土交通省の扇千景大臣(当時)の姿はなかった。管制官は日本航空の職員ではなく、国土交通省の職員であるにもかかわらず……。

　社長が謝罪したために、マスコミの論調は機長に厳しくなった。その結果、機長は業務上過失致傷容疑で書類送検されてしまった。しかし、結局は嫌疑不十分で不起訴となっている。当然ながら、管制官二人は在宅起訴となった。悪いのは管制官だったのである（裁判では無罪を主張しているが）。ならば、兼子社長の謝罪はなんだったのか。ただ、『早とちり』によって日本航空のイメージを悪くしただけと言わざるをえないのである。

第二章　許される謝罪の『心・技・体』

許される謝罪の『心・技・体』

心

（第一条）潔い謝罪は男を上げる千載一遇のチャンスである
（第二条）社会的制裁を受けて法的制裁を回避せよ
（第三条）記者会見はタダである
（第四条）記者会見はバッチ処理である

技

（第一条）はじめに『罪の認識』をせよ
（第二条）目標を定めて軌道を描け
（第三条）謝罪を分析的に考察してアプローチせよ

体

（第一条）異分野の師を持て
（第二条）直言してくれる部下を育てよ
（第三条）専門知識の社外スタッフはあくまでも専門性で選ぶ
（第四条）傍目八目のブレーンを近づかせすぎない
（第五条）茶坊主を排せ

第一章では、不幸にして許されなかった事例を多々ご紹介したが、では許される謝罪とはどんな謝罪なのか。『言い訳や反論をまじえず』『嘘や隠蔽をせず』『曖昧な言葉を使わず』『役者不足にならず』『方向を間違えず』『遅くならず』『足並みを乱さず』『安易な賠償をせず』『処分を怠らず』『早とちりをせず』の十項目を禁忌《タブー》として犯さなければ良いのか。

たしかに、この十項目を守ることができれば、大きな失敗はしないだろう。しかし、分かっていても守れないから難しいのだ。ゴルフなどと同様だ。「スウェーしない」「ヘッドアップしない」「肩を突っ込まない」などと、スタート前にいくら心にきざんでも、いざコースに出ると忘れてしまう。いや、覚えていても、やってしまうというのが実情だろう。謝罪もまったく同じなのである。

スポーツの世界では、この「分かっていてできない」というジレンマを克服するため、古くから修業の方策を三つに分類して取り組んできた。いわゆる『心・技・体』だ。それが最近になって、急激にクローズアップされるようになった。多くの有名なアスリートの口から、「メンタルトレーニング」とか「科学的な筋力トレーニング」という言葉が聞かれるようになり、成果を上げているからである。

とりわけゴルフの世界では顕著だ。無冠の帝王と呼ばれたフィル・ミケルソンが悲願のメジャータイトル（マスターズ）を手にしたとき、勝因を「メンタルトレーニングと筋力トレーニングの成果」とみずから語っている。〝丸ちゃん〟こと丸山茂樹選手も、本場アメリカで活躍できるようになった理由として、まったく同じことを言っている。実際、それはテレビの画面からでも伝わってくる。二人に共通するのは、つねに笑顔をたやさないコントロールされた感情と、見ちがえるほどしぼりこまれた肉体だ。

ところが、スポーツの世界とはちがって、企業の謝罪の分野では『心・技・体』の分類がなされた訓練が行われていないのだ。わずかに行われているのは、メディアトレーニングと呼ばれる、記者会見の予行演習すなわち『技』の訓練だけである。その結果、企業の謝罪は無残にも失敗の山と化しているのである。

そこでこの章では、謝罪に直面したときの企業のために、『心・技・体』の研鑽《けんさん》法とあるべき姿について論じてみよう。話を分かりやすくするために、謝罪の記者会見と謝罪広告を中心に解説するが、すべての謝罪手段に当てはまると考えていただいてさしつかえない。当然ながら個人的な謝罪の場面でも有効である。

第一編

謝罪に臨む『心』の補強をせよ

ヒラリーにヒラ謝り

企業トップの謝罪、それは一流スポーツ選手にとっての敗戦に似ている。築き上げてきた名声が失われ、晴れ舞台からの退場を余儀なくされ、プライドが深く傷つくのだ。それゆえに、名選手が敗戦を恐れるように、企業のトップは謝罪を恐れるのである。この恐怖心こそが焦りや過剰な緊張を生み、人の正常な判断・言動をはばんでしまうのだ。

古き時代のスポーツ選手は、恐怖心を克服するために、ただひたすら練習に励んだものだった。「練習は裏切らない」などと言って、何かに憑《つ》かれたように打ち込み、心身ともに疲れきってしまった人もいる。オリンピックなどで、本命と目された選手が惨敗するのも、このパターンが多い。アテネにおける柔道の井上康生選手もその一人なのではないだろうか。

企業の謝罪でも同じような展開をしばしば見かける。メディアトレーニングを徹底的に行ったのは良いが、厳しい想定問答に臆して、トップが記者会見を忌避してしまうのだ。早い話が、敵前逃亡だ。『技』を習得するためにしたことが、『心』に悪影響を与えてしまうのである。したがって、私は企業にメディアトレーニングを行っていない。

最近のスポーツ選手は、恐怖心を克服するために『発想の転換』を行うようになってきた。これがメンタルトレーニングの柱となっている。マラソンでは「負けた自分の姿ではなく、勝った自分の姿を思い浮かべながら走れ」と教え、ゴルフでは「バンカーを避けようとするな、入れてやろうと思ったら入らないものだ」とさとす。考え方一つで、恐怖心はうすらぐから不思議だ。

この項では、謝罪におもむく人の恐怖心を取りのぞく発想法を、実例を引用しながらご紹介してみよう。私が実際にコンサルテーションの場で話しているものばかりである。

第一条　潔い謝罪は男を上げる千載一遇のチャンスである

一時期お遍路さんになってしまわれたが、かつて「総理に一番近い男」と言われたのは、民主党の菅直人元代表である。彼は厚生大臣だった一九九六年二月、ＨＩＶ訴訟の原告に潔く謝罪したことによって男を上げた。ところが二年後、元ニュースキャスターとの不倫騒動では、最後まで言い逃れをしつづけて代表の座から転落した。年金の未納問題でも、言い訳を重ねて往生際の悪さを露呈して辞任せざるをえなかった。

同じ年金の未納問題では、福田康夫官房長官（当時）が驚くほど潔く辞任を発表し、慰留と同情の声につつまれた。菅氏との比較もあってか、すっかり男を上げてしまったのだ。本当は、「未納はない」などと国民に嘘を言っていた政治家である。にもかかわらず、見事な謝罪と進退によって、ピンチをチャンスにしてしまったのである。

潔い謝罪によってピンチを切り抜けた政治家は、海の向こうにもいる。アメリカのクリントン前大統領である。

ちょうど民主党の菅直人元代表が元ニュースキャスターとの不倫騒動に見舞われた少し前に、クリントン氏にも不倫スキャンダルが持ち上がった。ホワイトハウスにアルバイトとして勤務していたモニカ女史と、大統領執務室で怪しい行為におよんでいたというもの。その内容は書くのもはばかられるほど卑猥《ひわい》だったが、すべてインターネットで暴露されてしまった。この時点では、ホテルでデートしていた菅氏よりも、クリントン氏のほうが深刻だったのである。

両氏は当初、ともに不倫を否定していた。ところが、クリントン氏は早い段階で方針を転換し、有名になった「不適切な関係があった」という言葉とともに、国民や家族に謝罪したのである。菅氏は前述したように、最後までシラを切り通した。その結果、菅氏は代表の座を失ったが、クリントン氏は大統領の任期をそのまま全うした。

二〇〇四年の七月末に行われた米国民主党の党大会の模様をテレビで見たが、クリントン氏の人気は衰えておらず、大統領候補のケリー氏をしのぐほどだった。また、その著『マイライフ　クリントンの回想』は日本でもベストセラーになっている。不倫スキャンダルのダメージはすっかり影をひそめてしまっているのである。

この三人の政治家（厚生大臣の頃の菅氏、福田元官房長官、クリントン元大統領）を見れば明らかなように、謝罪はけっして男を下げるものではなく、逆に上げてしまう場合もある。したがって、けっして恐れる必要はないのである。むしろ男を上げる千載一遇のチャンスくらいに思っていただきたい。

企業のトップの謝罪も、社員から見れば、内容によっては感動的に映るものだ。会社のため、社員のために、責め苦を負う姿はけっして醜いものではない。わが子をかばって鞭《むち》打たれる親のように、深い愛情すら感じてしまうものだ。ただし、潔くなければ別だ。第一章でも書いたが、「これは引責ではなくケジメだ」などと口走ってしまったら、愛情は感じられない。もっとも、倒産した山一證券の社長のように、露骨に「社員は悪くありません」と言って泣き出したりすると、社員は少し引いてしまうだろう。

さじ加減は難しいものの、適切な言動さえすれば、謝罪は『百害無くて一利有り』なのである。

第二条　社会的制裁を受けて法的制裁を回避せよ

刑事裁判の判決文を読むと、「すでに社会的制裁を十分に受けていることから、被告を懲役X年執行猶予Y年に処する」という言葉によく出会う。平たく言えば、社会的制裁を受けたから法的制裁を軽くしてやろう、という意味だ。

この考え方は、裁判官だけでなく、警察や検察にも共通している。政治家なども、謙虚な謝罪や議員辞職が遅れると、必ずと言っていいほど逮捕される。議員辞職しても、すぐに立候補したりするのも逮捕につながる。なぜなら、どちらも社会的制裁に甘んずる姿勢がないとみなされるからである。

二〇〇四年七月の参議院選挙に立候補した、鈴木宗男元議員と辻元清美元議員が好例だ。前者は地元北海道の業者にまつわる斡旋収賄容疑や受託収賄容疑で逮捕されても、自民党を離党しただけで議員辞職をしなかった。後者は秘書給与の詐取問題が発覚したとき、初期の段階で容疑を否定して議員辞職が遅れた。記者会見も開かずに、テレビ出演で言い訳を連発。その上、議員辞職して間もなく、再度の立候補を匂わせた。そのため か、直後に逮捕されている。結局、二人とも起訴され、参議院選挙でもあえなく落選。法的制裁を受けた後になって、社会的制裁も受けてしまったのである。（現在は二人とも議員に復帰）

企業でも同様なケースは頻繁に見られる。第一章でご紹介した西武鉄道やＮＥＣのように、次から次へと逮捕者がふえたり、新たな疑惑が浮上したりするのだ。三菱自動車やダスキンのように、トップまで逮捕されるケースもある。無論、社会的制裁を受ければ、すべて法的制裁を免除されるわけではない。しかし、明らかに免除される確率は高くなるのだ。

私も二〇〇二年から二〇〇四年にかけて、食品の産地偽装を犯した企業の危機管理を、合計で六件手がけた。そのうち五件は、謙虚な姿勢の謝罪会見を開いてトップが辞任を表明した。幸いにも、五社とも家宅捜索や逮捕をまぬがれた。ところが、一社だけ謝罪会見をやらなかった、と言うよりも、やれなかった。その社長は私とともに県庁の記者クラブに向かったが、途中で引き返してしまったのである。

その社長が私のところへ来たのは、消費者からの告発を受けて、県の農林水産部が立ち入り検査をはじめた段階だった。マスコミからも取材の申し込みが入りはじめたので、私は先手を打って記者会見を開くことを提案していた。会見で配布する資料もセリフもすべて用意した。しかし、社長は路肩に車を止めたまま、動こうとはしなかった。「ウチのような零細企業にはマスコミも関心ないでしょうから」と強がってはいたが、内心はプレッシャーに耐えかねていたようだった。時間をかけて説得してみたが、彼は首を縦にふらなかった。今にして思えば、私の力不足だったのかもしれない。

結局、その社長は逮捕され、会社も廃業に追いこまれた。二カ月近い勾留のすえに保釈が認められて出所した社長は、開口一番にしぼり出すような声で私に言った。「言う通りに記者会見をしておけば良かったですね。そうしたら、逮捕されずに済んだんでしょうか」と。私は返す言葉が見つからなかった。本音を言えば、社長をますます後悔させてしまうと思ったからである。

余談であるが、社会的制裁を受けないと法的制裁がはじまる構図について触れておこう。

社会的制裁を加える主役はマスコミである。ところが、マスコミには強制捜査権がないから、被疑者がみずから情報開示や謝罪や辞任をしなければ、厳しい社会的制裁を加えることができないのだ。そこでマスコミは、強制捜査権を持つ警察や検察や監督官庁を動かそうとする。動かなければ警察や検察や監督官庁の怠慢まで指摘したりもする。その結果、強制捜査がはじまり、はじめた以上は立件しなければならないから、法的制裁が下されるというわけである。

逆の視点から見れば、記者会見ですべての情報を開示してしまったら、警察や検察や監督官庁は強制捜査をしにくくなる。新たな事実をなにも摑めなかったら、恥をかく危険性もあるからだ。したがって、逮捕とか家宅捜索というような強制捜査をせずに、任意の事情聴取のうえ書類送検だけで済ます可能性も出てくるのだ。逮捕されるのとされないのとでは、大きなちがいがあることは言うまでもないだろう。

謝罪の記者会見はけっして楽なものではない。しかし、逮捕されて会社が消滅するよりは楽である。内臓疾患の手術と同じように、生き残るための苦痛と思って、前向きに取り組んでいただきたいものである。

第三条　記者会見はタダである

企業の経営者というのは不思議な生き物だ。どんなにツライことでも、「一億円の儲けになりますよ」と言うと、「ならやりましょう」と答える。やはり根っからの商売人なのだろう。この経営者特有の『性《さが》』を、謝罪に臨む心の補強に利用するのも一手である。

不祥事を起こした企業は、必ずと言っていいほど謝罪広告を掲載する。第一章でご紹介した味の素や丸紅畜産も、大枚をはたいて謝罪広告を出していた。ところが、思いのほか効果はうすい。それどころか、逆効果となる場合も少なくない。

謝罪広告というのは、告知する効果はあっても、許しを得る効力はとぼしい。不特定多数に向けた判で押したような言葉を読んで許すほど、人間はお人好しではないからだ。ところが、テレビで放映された映像や新聞紙面に掲載されたコメントは、臨場感を持って伝わるから絶大な効果を発揮する。その証拠は、石原プロモーションの謝罪会見だ。

その記者会見は二〇〇三年八月十三日に行われた。ドラマ『西部警察』撮影中の人身事故に関して開かれたものだ。名優・渡哲也さんが演じた記者会見は、じつに見事なものだった。憔悴《しょうすい》しきった表情、制作中止という思いきった処分、被害者に土下座までした内緒話。すべてが視聴者の胸をゆさぶった。その結果、視聴者だけでなく、被害者からも制作の継続を求める声が上がったのである（くわしくは第四章でのべる）。

石原プロモーションは謝罪広告など掲載していない。記者会見ですべてを語り、許しを得てしまったからである。この状態を記者会見抜きで達成しようとしたなら、数億円をかけてもムリだったにちがいない。すぐれた謝罪会見は、何億円もの価値を生むことを経営者には知っておいていただきたい。

第四条　記者会見はバッチ処理である

大勢の記者に囲まれて詰問を受ける記者会見は、たしかに楽な仕事とは言えない。しかし、楽か楽でないかは、絶対評価ではなく相対評価によって判断するべきだ。すなわち、記者会見をしないという選択をすると、どんな展開が待ち受けているかを知った上で、どちらにするかを決めたほうが良いということである。

マスメディアの記者というのは、大きな問題が発生すると、次の三つの使命感を帯びて取材にやってくる。

一、被害の拡大を防ぐ
二、再発を防止する
三、国民の知る権利に応える
たとえば、食品に異物が混入されたとしよう。

混入されたものが人の心身に有害な物質ならば、一刻も早く消費者に知らせて食べないように働きかけなければならない。そのために、まずは一刻も早く真実を正確に把握しようとするのだ。それが被害の拡大防止には不可欠だからである。

そして次には、同一企業は言うにおよばず、同業他社において同じ混入を起こさないように注意喚起をしなければならない。そのために、原因の究明を徹底的に行って、企業に再発防止策（＝改善策）の策定を急がせようとするのだ。

そして最後に、たとえ今回は有害な物質ではなかったとしても、将来も安心できるかどうかを国民に知らせなければならない。そのために、企業の体質や経営者の資質を白日のもとにさらそうとするのだ。

さて、この三つの使命をはたすためには、当該企業から少しでも早く多くの情報を得なければならない。情報が早くて量が豊富であればあるほど、そのメディアは読者から信頼されて、高い評価を得られるからだ。したがって、情報収集は記者にとって鎬《しのぎ》をけずる戦いとなるのである。

当然ながら、記者はアイデアをしぼり出して、あらゆる手段を講じて取材攻勢をかけてくるのだ。経営トップの自宅への「夜討ち・朝駆け」（早朝や深夜に待ち伏せして突然のインタビューを仕かけること）は常套手段だ。家族や近所の家にまで聞き込みをすることもいとわない。会社の正門や裏門で待ち構えて、出入りする社員にも質問をぶつけてくる。まるでストーカーのようなしつこさであるが、使命感を持っているから、まったく悪びれるそぶりも見せない。

このすさまじい取材の網をかいくぐるのは容易なことではない。経営トップは自宅にも帰れなくなり、近所からも白い目で見られるようになって、家族まで肩身のせまい思いをしなければならない。気の弱い社員は犯罪者のように逃げまどい、気の強い社員は憮然《ぶぜん》とした表情で反論したりもする。これが映像やコメントで報道されるから、会社のイメージは一気に悪くなるのである。

運悪く経営トップがどこか一社の「夜討ち・朝駆け」の餌食《えじき》にされると、取材攻勢はさらにエスカレートしてくる。「なぜ当社の取材には応じてくれないのか」と、怒りをあらわにして突撃してくるのだ。こうなると、収拾がつかなくなり、マスコミとの対立は深まるばかりだ。対立が深まれば、悪意に満ちた記事が紙面をにぎわすことになるのである。

この展開とくらべれば、記者会見のほうがまだマシだ。なにしろ、大勢の記者に対して一度に情報開示ができる。すなわち、バッチ（大量一括）処理が可能ということである。リアルタイム処理とバッチ処理のどちらを選ぶべきか、大量の情報処理と同じ視点で考えれば、答えはおのずと出てくるだろう。

第二編
許されるための謝罪の『技』を学べ

証人喚問を受ける江副会長

『わざ』という言葉は、『技』もしくは『業』という字を書く。前者は『方法』とか『技術』のことを指し、後者は『神意の込められた行事』とか『深い意味のある行為』のことを指す。当然ながら、この項のテーマは前者であるが、私は謝罪の技については後者の意味もふくめて考えるようにしている。すなわち、たんなるテクニックではなく、宗教や哲学に近い思考を根底に置く技が必要と考えているのだ。なぜならば、謝罪は人の心の奥底にまでメッセージを伝え、魂をゆさぶる神聖かつ壮大なる営みだからである。

壮大なる仕事をなしとげるには、関係者全員を一致団結させて一つの方向に導かなくてはならない。そのために必要不可欠となるのは、大まかな『総論』と詳細な『各論』だ。戦争に置きかえるなら、それらは『戦略』と『戦術』に該当する。多くの敗戦が、『戦略』の欠落によるものであることは歴史が証明している。謝罪もまったく同じだ。第一章でご紹介した十種類の失敗のケースも、『総論』を持たないまま謝罪に臨んだもののばかりと言っても過言ではない。

私はかねてより『危機管理にマニュアルはない』と言いつづけてきた。これは、マニュアルを『書いてある通りにやれば上手くいく手順書』と定義しているからだ。ゴルフの世界で「マスターズで優勝するマニュアル」などというものは存在しないのと同じだ。「一番ホールはドライバーでティーショットして、二打目は五番アイアンで打て」と書いてあったとしても、個人の飛距離はまちまちであるし、同じ人でも風向きによって持つクラブはかえなければならない。逃げる立場と追いかける立場によっても攻め方はちがってくるだろう。したがって、手順書という意味でのマニュアルは存在しない。危機管理もまったく同じだ。

ただし、ゴルフにもスイングの理論や法則を解説した参考書は存在する。しかし、これもまた、読んだだけでシングルプレーヤーになれるわけではない。読んだ上に練習をかさねなければ、なんの効果も期待できないのだ。同様に、これからご紹介する謝罪の『総論』と『各論』も、知っているだけでは役にはたたない。実際に起きた事例に当てはめて、あるべき謝罪を導き出す練習が必要だ。私は、これを疑似体験と呼んでいる。

ここに記すのは、謝罪の参考書であり、疑似体験の入門書だ。原稿の字数はかぎられているから、すべての事例について触れることはできない。したがって、読者の皆さんには、これを参考にして、疑似体験をつづけていただきたい。昨今は、疑似体験をする事例にはこと欠かないご時世なのだから。

（その一）謝罪の総論（要点）

総論とは全体を総括した文章であるが、ややもすると理念のごとき抽象的なものになりかねない。読者のみなさんが知りたいのは具体策だから、ここでは要点を箇条書きにして、分かりやすくするために事例もそえておく。結果として、総論と呼ぶには具体的すぎる印象を与えてしまうかもしれないが、お役にたつための方策とご承知おきいただきたい。

第一条　はじめに『罪の認識』をせよ

私が企業に危機管理を、なかでも謝罪についてコンサルテーションをするとき、一番重要視してもっともエネルギーをそそぐのが『罪の認識』である。少々長くなるが、本書のなかでもっとも重要な部分なので、我慢して読んでいただきたい。

★罪の認識遅れが致命傷となったリクルート未公開株譲渡疑獄

まずは私をふくめたリクルートの失敗談、すなわち私の実体験から話をはじめよう。昭和も終盤にさしかかった一九八八年（昭和六十三年）の年明け、当時の私はリクルートで広報課長をしていた。その不吉な一報は、ビル事業部という不動産関連の部署から入ってきた。「神奈川県警が川崎のコンピュータービルの周辺を調べているらしい」と。

三カ月ほどたつと、朝日新聞が周辺取材をはじめたことが聞こえてきた。「川崎市の小松助役の周囲を調べているようだ」という話と、「子会社であるリクルートコスモス社の未公開株の譲渡が問題視されている」という話が断片的に伝わってきたのだ。

リクルートの危機管理を担当していた私たちは、まるで狐につままれたような思いだった。「未公開株の譲渡がなんで問題にされるのだろうか」と首をかしげ、「また朝日新聞がリクルート叩きを再開したのだろうか」といぶかしむ声が上がった（さかのぼること八年前の一九八〇年十月、リクルートは朝日新聞から「学生名簿の横流し」や「青田買い」を厳しく批判されている）。なかには、「朝日新聞はリクルートに求人広告や不動産広告を奪われたことを恨んでいるらしい」などと、遺恨報道説をまことしやかに語る幹部もいた。そんなうがった解釈を信じたくなるほど、未公開株の譲渡になんの問題があるのか理解に苦しんでいた。

そんな状態だったから、リクルートは呑気にも人を介して神奈川県警に未公開株の譲渡先を明かした。「譲渡先は助役一人ではなく七十六人である」としたリストを提出したのだ。すなわち、一人だけにコッソリ譲渡したのではなく、多数の知人に譲渡したのだから問題はないと言いたかったのである。

ところが、未公開株の譲渡先に政治家が三人まじっていたから大変だった。情報を入手したマスコミ各社は色めきたち、一斉に取材をはじめた。最初に名前が出たのが、森喜朗元文部大臣（後に総理大臣）だった。ここからは、まさに魔女狩りとなった。中央の政界に飛び火した未公開株という名の贈収賄は、野火のごとく広がって永田町を焼きつくしていったのである。戦後最大の疑獄と呼ばれるリクルート未公開株譲渡疑獄の幕開けだった。

一九八八年七月七日の深夜、リクルートの位田尚隆社長（当時）は、江副会長（当時）の辞任を釈明する記者会見を銀座の本社で開いた。この段階でもリクルートは未公開株の違法性を認識できていなかったが、つめかけた記者の側も同じようなものだった。質問の焦点は譲渡先に向けられたが、当然ながら情報開示はしなかった。

たまりかねた一人の記者が声をあらげて、「値上がり確実な未公開株を特定の人に譲渡するのは企業モラルに反しないのか」とたずねた。位田社長は一瞬声をつまらせたが、はっきりと「反しないと思っている」と断言してしまった。会長が辞任したにもかかわらず……。当然ながら、翌日の新聞の小見出しには「リクルート社長『モラルに反せず』と語る」の文字が揃い踏みだ。「過ちて改めざる」の第一歩を踏み出した瞬間だった。

後に東京地検特捜部の捜査がはじまった段階でも、リクルートは未公開株の違法性は認識できていなかった。当時の顧問弁護団（後に人は入れかわる）の判断が裏づけにもなっていた。そのために、リクルートは徹底的に捜査への抵抗を試みる戦術を選択。任意の事情聴取は可能なかぎり断り、聴取の時間制限を申し出た。これには、特捜部も驚いたらしい。当時の担当検事をして、「リクルートは新人類企業だ」と言わしめたほど、反抗的な態度をつづけたのである。

あれから十五年を経て、関係者の立場も変わった。当時最前線で取材していた記者は管理職におさまり、担当していた検事も現場を離れた。弁護士や公証人になった人も少なくない。なにを隠そう、私の会社の顧問弁護士の一人も、特捜部でリクルート事件を担当した元検事だ。私もリクルートを離れ、疑獄の判決もすべて確定したから、彼らと事件に関する昔話をすることも多くなった。元記者も元検事も口をそろえて言うのは、「あんなに反抗的な態度をしなければ展開はちがっていたのに……」という言葉だ。

私がいつも返す言葉は、「未公開株の譲渡に違法性があるとは思わなかったからです」からはじまる。そして、「違法と思っていたなら七十六人のリストも提出しなかったし、企業モラルに反しないとも言わなかった。まして特捜部に反抗的な態度も取らなかったでしょう」とつづける。元記者の方々に「みなさんも違法性があると思っていなかったでしょう。企業モラルに反しないか？ と聞いたぐらいだから」と問うてみると、みなさん笑いながらうなずくのである。

この初原稿を書いた二〇〇四年の八月、日本の株式市場は低迷をつづけていた。新興市場のジャスダックやマザーズやヘラクレスはとくに株価の下落がいちじるしい。新規に公開された株式も、公開価格を割りこむものが続出だ。リクルートが譲渡した未公開株も、今の時期ならば「値上がり確実だから賄賂《わいろ》になる」とはみなされなかったにちがいない。あのバブル経済の真っただ中だったからこそ、罪になってしまったのだろう。

実際に、リクルート未公開株の譲渡で起訴された人は、全員有罪となった。間違いなく『罪』は存在していたのだ。全員に執行猶予がついたところをみると、けっして重い罪と認定されたわけではないようだ。しかし、罪はあくまで罪である。この罪に気づいてさえいれば、リクルート未公開株譲渡疑獄の展開はちがっていたのかもしれない。

そんなことを思うたびに、私は『罪の認識』の重要性を思い起こし、謝罪のコンサルテーションに生かしているのである。

★見えにくい罪とその恐怖

未公開株の譲渡のように、従来は合法とされてきたものが、突然に違法とされるケースがある。私はこれを『変化する罪』と名づけて、契約先の企業にたびたび注意をうながしている。代表的なものとして、セクシャルハラスメントを引用して説明をする。

「昔は部下を励ますために、たとえ女性であっても食事やお酒に誘った。部や課の歓送迎会や慰安旅行に行って、宴会ともなれば親睦を深めるためにデュエットもした。しかし、今はダメです。一度断られたにもかかわらず、二度目の誘いをしたらセクハラで訴えられて裁判で負けます。面談で恋人や婚約者がいるかを聞くのも要注意。罪は変化しているのです」

第一章でご紹介した失敗事例のなかにも、『変化する罪』を見落としたものが少なくない。アイスターによる差別的な言動の罪は、近年になっていちじるしく重くなってきている。民主的で自由な社会、すなわち成熟した社会への移行がもたらしたものだ。東芝の暴言に非難が集中したのも、PL法の浸透によってメーカーを見る消費者の目が厳しくなってきたことが根底にある。ソフトバンクBBの顧客情報の流出への批判も、個人情報保護法の成立やネット上の架空請求の増加が背景にある。罪の変化はいたるところで起きているのである。

最近では、『不作為』という罪が判決文のなかにうたわれ、マスコミも頻繁に取り上げるようになってきている。薬害エイズやハンセン病などの訴訟でも、旧厚生省や国の『不作為』が断罪された。損害賠償の民事裁判においても、しばしば登場して被害者を勝訴に導いている。今や消費者が企業を攻めるときの格好の武器とされつつある。

従来は、犯罪や重大な過失などのように、『やったこと』が罪に問われてきたが、昨今は『やらなかったこと』が罪に問われる時代となってきた。『やったこと』は認識しやすいが、『やらなかったこと』は認識が難しい。したがって、この『不作為』という罪は、変化するために見えにくい罪の代表格となって、多くの企業を苦しめることになるだろう。五〜六年も前から、すでにはじまっていることだが……。

『変化する罪』と同様に、見えにくいのは『悪意なき罪』である。リクルートの未公開株の譲渡は、これにも該当している。株を譲渡したのは、将来においてなにがしかの便宜をはかってもらおうと考えたのであり、事件にされた段階ではなにも便宜を得ていなかったのだ。言いかえれば、なにも得ていないのだから、悪いことをしたという意識はなかったのである。これもリクルートの判断を狂わせた原因の一つだった。

第一章でご紹介した失敗事例のなかにも、『悪意なき罪』を見落としたものが数多くふくまれている。ソフトバンクBBによる顧客情報の漏洩も、同社が悪意を持って流出させたわけではない。派遣社員や業務委託先の社員のなかに不心得者がいて、盗み出した顧客情報を使って同社を恐喝したのだ。そこだけを見れば、同社は被害者であり、悪意など微塵も存在していない。しかし、顧客からすれば迷惑な話だから、同社はまぎれもなく加害者だ。したがって、悪意はなくても罪は存在するのである。

リクルートの社員やOBが、自社の未公開株の売却益を脱税した問題も同様だ。脱税した本人は、納税義務を知っていながら確定申告を怠ったのだから、間違いなく悪意が存在する。しかし、会社としては、個人が確定申告したか否かまでは知る由もない。売却した時点で、書面による確定申告の勧告をしているから、悪意など露ほども見受けられない。しかし、国民から見れば腹立たしい話だ。脱税は税金泥棒以外のなにものでもなく、それが一企業のなかに何十人、何百人もいるとしたら許せないだろう。しかも、未公開株で七人もの逮捕者を出した会社だ。当然ながら、同社の社員教育やコンプライアンス体制には疑問の目が向けられる。したがって、会社に悪意はなくても罪は存在するのである。

六本木ヒルズにおける自動回転ドアの死亡事故も、森ビルに悪意があって起きたものではない。森ビルの側から見れば、「とんでもない不良品を売りつけられた」という被害者意識が働いたのだろう。だからこそ、三和シヤッターとの間で責任のなすりあいを演じてしまったのだ。しかし、被害者の遺族の側から見れば、その三和シヤッターを選んだのも森ビルなのだから、同社の罪はなんら軽くなるものではない。罪の大きさ重さは、悪意の有無ではなく、被害者の痛みの大きさによって決められる。ならば、幼い子供の命を奪った森ビルの罪は、最大級と言っても過言ではない。

★見えにくい罪の疑似体験

ここで一つ『見えにくい罪』の疑似体験をしていただこう。あなたなら私の質問になんとお答えになるのだろうか。

前項でも書いたように、私は二〇〇二年から二〇〇四年の初頭にかけて、食品の産地偽装をした企業の危機管理を六件手がけた。この危機管理の冒頭で、私はつねに次の質問を経営者に投げかけてみた。「どんな罪を犯したと思っておられますか？」と。

答えは判で押したように、「ＪＡＳ法違反です」とか「不当表示です」と返ってきた。「それだけですか？」と問いただすと、しばらく絶句した後に「まだありますか？」と怪訝《けげん》な表情を見せる。私が「にせ物のブランド品を売るとなんの罪に問われますか⁉」と語気を強めると、あわてて「詐欺ですね……」と小声でつぶやく。ようやくみずからが犯した罪に少しだけ気づくのである。

私はさらに残酷な追い討ちをかけていった。以下は、お定まりのように繰り返された会話である。

田中「マスコミはあなたを殺人未遂犯として追及してくるから覚悟して下さい」

社長「エッ！　なぜ私が殺人未遂犯なのですか」

田中「あなたは輸入肉を国産肉として販売している。輸入肉がウィルスやバクテリアに汚染されていたら、あなたはどうしますか？　国産と偽っているから、販売中止はできないでしょう。幼い子供やお年寄りや病人が食べたら、死んでしまうかもしれない。だからあなたは、人を殺す危険性のある人物として追及されるのです」

社長「………」

このころは、まだ鳥インフルエンザが東南アジアで大流行する前だった。今なら、こんな会話も必要としないだろう。しかし、当時は産地偽装の罪深さを認識させるのに苦労をした。「JAS法違反です」とか「不当表示です」というような意識で謝罪会見に臨んだら、マスコミから袋叩きにされてしまったにちがいない。たとえ殺人未遂という罪を犯していなくても、その危険性をはらむ行為や人間を、マスコミはけっして許さないからである。

恥ずかしながら、不器用なコンサルテーションの現場の光景を再現させていただいた。読者のみなさんは、厳しい言葉を契約先に対して投げかける私の姿に、呆れて不快感をお感じになられたかもしれない。しかし、謝罪という危機管理の難所を克服するためには、これくらいの荒療治が必要とされる場面もある。私がするのと同じくらいに厳しく自問自答して、みずからの罪に気づいていただくことが肝要であると申し上げておきたい。

★迫りくる新たな見えにくい罪

最後に、『見えにくい罪』として、新たに登場するであろう罪をご紹介しておきたい。二〇〇四年五月二日、読売新聞に衝撃的な記事が掲載された。見出しは「心の病対策会社の義務」である。企業が従業員のメンタルヘルス（心の健康）に配慮することをうながすため、厚生労働省が労働安全衛生法を改正する方針をかためたという。夏ごろまでに内容を具体化して、次期（二〇〇五年）通常国会に改正法を提出するというのだ。法改正の背景として、労働者の自殺が年間八千人をこえている実態を挙げている。また、法改正のねらいについて「同省は、精神疾患などにかかった従業員が、企業を相手に損害賠償訴訟を起こした場合、改正法によって企業の不作為が問われるケースも想定されることから、対策を促す効果があるとみている」と解説している。

その六日後の五月八日、今度は朝日新聞に別な法改正のニュースが掲載された。こちらは、障害者雇用促進法の改正で、同じく次期通常国会に提出されるという。内容は、従業員数の一・八％以上と義務づけられている障害者の雇用数のなかに、精神障害者を算入できるようにするというものだ。法改正の効果として「精神障害者が算定対象になることで、企業が法定雇用率を達成しやすくなり、対象でないことを理由に採用を断るケースも減ると期待される」と解説している。

五月二十六日にも、同じ朝日新聞が「労災認定　精神障害　最多１０８人」という記事を掲載した。二〇〇三年度にうつ病などの精神障害で労災補償の認定を受けた人が、前年度より八人ふえ、過去最多の百八人になったことを厚生労働省が発表したという。精神障害者による労災補償の請求も、前年度より九十七人（二十八・四％）増の四百三十八人で過去最多。請求した人のうち百二十一人、認定された人のうち四十人が自殺をはかっている、などと解説している。

七月五日には、日本経済新聞に「心の病、休職率0・5％」という記事が掲載された。厚生労働省・労働安全衛生研究班（班長・島悟東京経済大学教授）の調査結果を報道したものである。

記事によると、全国のおもな製造業を調査したところ、四分の三の事業所で「心の病で一カ月以上の休職があった」と答え、その数が実に四十七万人にのぼるというのだ。しかし、復職を円滑にするための「試し出社」を制度化している企業は、四分の一にとどまっているという。なんともお寒い実態が明らかになったのである。

この一連の報道を読むと、企業が従業員のメンタルヘルスをおこたると、罪になることが見えてくる。就業規則の中に「就業に耐えられなくなった場合」を解雇事由として掲げていても、まったく無力であることもお分かりいただけるだろう。早急に、カウンセリングのシステムを構築しなければ、読売新聞が報道したように、不作為という罪に問われてしまうのである。

心の病を抱える従業員の自殺に際し、罪の変化を見落とした応対や謝罪をすると、厳しい批判が待ち構えていることを忘れてはならない。成熟社会がもたらす心の病は、家庭だけでなく、企業にも負担させるというのが、時代の要請なのだから……。
（労働安全衛生法、障害者雇用促進法はともに改正され、二〇〇六年四月一日に施行された）

第二条　目標を定めて軌道を描け

かのナポレオンを破ったことで知られるプロイセン（プロシア）のフォン・クラウゼヴィッツ将軍は、その著書である『戦争論』のなかで次のように語っている。「戦争は最終目的を定めて、そこに至る軌道を描け」と。敵を全滅させるのか、敵の首都を陥落させるのか、あるいは痛手を負わせて有利な和平条約を結ぶのか。それを決めてから攻撃の作戦を立てよと言っているのである。

私は危機管理にもまったく同じ発想が必要で、落としどころを定めた上で謝罪会見を開くべきだと思っている。あわてふためいて、「とりあえず」なんて気持ちで臨むから、馬脚をあらわしてしまうのだ。反省の弁を滔々《とうとう》とならべておきながら、辞任について聞かれると一転して「考えていない」ときっぱり否定する。トヨタ自動車による整備士国家試験問題の漏洩が発覚したとき、同社の張富士夫社長がとった言動である。反省の弁とのギャップに驚き、ゆさぶられかけた魂がかたまってしまったのは私だけではないだろう。これでは謝罪の目的は達成されなかったと言わざるをえないだろう。

私も以前、アイシン精機というトヨタ系の部品メーカーに勤務したことがある。だからこそ分かるが、カーメーカーを支えている柱の一つは、系列の販売店に所属する整備士と言っても過言ではない。消費者からのクレームはメーカーではなく、販売店に持ちこまれるからだ。彼らが懇切丁寧に修理をするから、顧客も納得して引き下がる。言わばメーカーのシリぬぐいを一手に引き受けているゴールキーパーなのである。

ちなみに、いま三菱自動車の関係者のなかで、もっとも重い負担を強いられたのも、販売店所属の整備士だ。リコール隠しが一気に噴出したから、昼間はリコール対応で手一杯となり、車検などの通常業務は夜にやるしかない。まさに寝食を忘れての奮闘だ。彼らがやる気を失ってしまったら、三菱自動車の再建の可能性など露と消えてしまうだろう。

したがって、カーメーカーにとって、整備士のモラルダウンほど怖いものはない。ならば謝罪の目的を、この防止に置く発想が必要と言えるだろう。今回、トヨタは系列販売店の整備士に合格の辞退を強要した。自分のところの不祥事の罰を、彼らにも負わせようというわけだ。確かにそれも必要かもしれないが、それならトヨタのトップも痛みを分かち合わなければならない。余計なお世話だろうが、整備士の皆さんの本音を聞いてみたい気がする。

★謝罪には『エネルギー一定の法則』が参考になる

ここで読者の皆さんに、再び疑似体験をしていただこう。あなたがトヨタのトップなら、この謝罪の目標をどこに置いて臨まれるのだろうか……。

話は少し前項に逆戻りしてしまうが、目標を定めるためには、試験問題漏洩の『罪』と『被害者』を明確に認識しなければならない。

最大の『罪』は、国家資格の価値と信用を落としたことだ。海外からは日本という国の民度を疑われ、勤勉な国民という信用まで傷つけたのだ。二番目は、国民に一級小型自動車整備士という資格を、うさん臭いものと感じさせてしまった罪だ。幾年月を経て築き上げられてきた二つの価値が、喪失されようとしている。それをトップメーカーがやったのだから、罪は万死に値するといっても過言ではない。

最大の『被害者』は、消費者だ。カンニングで取得した整備士資格などまったく信用できないが、その整備士に愛する人を乗せる車を点検・修理してもらうのだ。危なっかしくて仕方がない。二番目の被害者は、系列販売店所属の整備士だ。すでに合格していた整備士は資格の価値を暴落させられ、受験中の整備士は苦学の労を水の泡にされてしまったのである。

この罪を償って被害者を救済することこそ、トヨタのトップが謝罪の目標と定めるべきところなのである。目標が決まったら、残るはそこにいたる最短の軌道を描くことである。

まずは、罪の償いに取り組んでみよう。

疑われた民度や勤勉性に対する不信は、誠実な情報開示と公正で厳しい処分によって回復するしかないだろう。整備士資格の価値を取り戻すにも、重い処分が特効薬となる。検算してみれば一目瞭然だ。

かりにトヨタの張富士夫社長が引責辞任をしたとしてみよう。「さすがに日本の経営者は不正に厳しい」という評価を得て、わが国の民度も汚名返上だ。整備士という資格も「トヨタの社長の進退にかかわるほど重要なもの」と再評価され、名誉挽回は間違いなしである。

どうしても引責辞任したくないのなら、「一年間無給」という処分も考えられる（会社復興のために伊藤忠の丹羽宇一郎会長が実践した例もある）。要するに、世間を驚かせて「そこまでしなくても……」と思わせたら成功だ。昔の日本人は、このコツを心得ていた。償いの気持ちを表明するために、頭を丸めたり土下座をして、相手を驚かせて許してもらっていた。賛成はできないが、仁俠の世界では指まで切り落としていたのだ。

償いの程度を決めるには、『エネルギー一定の法則』を参考にすると良い。中学や高校の物理で習った「位置のエネルギーと運動のエネルギーの合計は常に一定」という、あの分かりやすい法則だ。

位置を地位（に居座る時間）と置きかえ、運動を人望と置きかえてみよう。地位を早く下げなければ人望は失われ、地位を早く下げるほど人望はますことになる。位置を地位と置きかえ、運動を報酬と置きかえてみても良い。地位を下げなければ報酬を大幅に減らすしかなく、地位を下げるほど報酬は下げなくても済むことになる。平たく言えば、名を捨てて実を取るか否かの選択をするということである。

この組み合わせの合計を、犯した罪の大きさに見合ったものにすれば良いのである。地位も報酬も上位役職者ほど大きいから、上が処分を受ければ小人数で済むが、下の処分で済まそうとすると大人数となるというわけだ。

一方、消費者や整備士という被害者の救済にも取り組まなければならない。

消費者が再び整備士を信頼するためには、整備士の側からのメッセージが必要だ。トヨタから言われて受験を辞退するのではなく、みずから申し出をしなければならない。

消費者の側から見れば、トヨタもトヨタ系列の整備士も、不正をした仲間すなわち共犯なのだから。

整備士の救済はトヨタ独自の課題だが、救済の相手が共犯者だけに声を大にして行うものではない。トヨタの上層部が直接出向いて、整備士に謝罪をするのが一番だ。忘れてならないのは、トヨタ系列以外の整備士にも謝罪が必要なことだ。こちらは、新聞に謝罪広告を掲載するしかないだろう。

トヨタは岩月一詞副社長が系列販売店を回って、相手が恐縮するほどの姿勢で謝罪をつづけたという。一方では、会長と社長にはなんの処分もなく、報酬の自主返納でお茶を濁してしまった。目標と軌道が描かれていない謝罪が、いかにチグハグなものになるかを証明した事例である。

第三条　謝罪を分析的に考察してアプローチせよ

企業の謝罪について焦点をしぼった解説をつづけてきたので、この辺で個人の謝罪に関する事例に触れておこう。基本的に、持つべき理論はまったくと言っていいほど共通している。

二〇〇三年七月に長崎で起きた幼児誘拐殺害事件のおり、被害者の種元駿ちゃんの父・毅さんは、その心境を綴った文章で、「少年の保護者に対しても一言申し上げます。あなたの子供が殺人を犯して補導されてから二週間以上がたちますが、謝罪の言葉どころか、連絡さえもないのはどういうことなのでしょうか」と、不信の念を表明している。

加害者が謝罪しないという態度は、被害者の遺族の苦しみに追い討ちをかけ、社会全体を不愉快で暗い気持ちにさせる。当然ながら、加害者への非難は一気に高まる。にもかかわらず、謝罪しないのはなぜだろうか。

答えは簡単だ。たんに勇気がないのと、謝罪の術を知らないのが原因である。そこで、加害者と被害者双方のために、謝罪というものを分析して、あるべき姿を模索してみよう。

★謝罪に必要な四つのフェーズ

種元毅さんの手記から読み取れるのは、大切な子供を殺害した犯人に加え、連絡さえしてこない両親にも怒りが向けられていること。そして、怒りは殺害された直後よりも一層ましていることだ。

しかし、かりに両親が連絡を取ったり謝罪をしたら、種元毅さんは許すのだろうか。そんなことはありえないはずだ。大切な子供の命を奪われて、簡単に許す親などどこにもいないから。おそらくは、ニラみつけられるか、罵声をあびせられるか、ブン殴られるか、のいずれかにちがいない。だから加害者の両親は、怖くてなにもできないのである。

この状態を打破するためには、謝罪を分析的にとらえて、段階的に進めるしかない。私はつねづね、謝罪には次に示す四つのフェーズがあると解説している。『癒す』『腑に落ちる』『許される』『忘れる』の四つだ（主語がまちまちだが、分かりやすさのため）。これがそろってはじめて謝罪は完結するのである。

これに照らし合わせて見ると、被害者から、ニラみつけられる、罵声をあびせられる、ブン殴られる、が『癒す』フェーズであることが見えてくる。したがって、完結への階段を一つ上ると思えば、勇気もわいてくるだろう。たとえブン殴られたとしても、命まで奪われるわけではない。命を奪われた被害者の恐怖や遺族の無念と比較すれば、恐れるに足りない程度のプレッシャーと考えるべきなのだ。

企業の消費者クレームの対策においては、なにはともあれ『消費者のところへ駆けつける』ことを重んじている。これは『癒す』フェーズの実施と、情報収集を行うためである。ベテランの渉外マンは、「軽い暴力なら大歓迎」くらいに思っている。相手を癒すと同時に、展開を予測する材料を得ることができるからである。

次に『腑に落ちる』フェーズの必要性を考察してみよう。

少年犯罪の被害者の遺族が苦しむ原因の一つは、犯罪に関する情報が少年法にはばまれて入手できないところにある。「なにが起きたのか、原因はなんなのか、誰がやったのか」が、正確に分からない。分からないから腑に落ちない。腑に落ちないから終わらない。結局、苦しみは延々とつづくことになるのだ。北朝鮮による拉致の問題も、まったく同じ構造である。

したがって、謝罪をするときには、なるべく多くの情報を被害者や遺族に提供することが大切だ。「聞きたくない」と言われるかもしれないが、手紙などでお知らせすればよい。いつの日か開封してくれるし、それが『癒す』フェーズの完了を物語ってもくれる。

『腑に落ちる』フェーズには時間がかかる。当然だ。種元毅さんのように愛するわが子を突然失った場合、その現実を簡単に受け入れられるものではない。受け入れることが、愛するわが子への裏切りとまで考えるからだ。『腑に落ちる』まで我慢強く待つしかないのである。

『腑に落ちる』フェーズが完了すれば、『許される』フェーズの完了はちかい。人は人を憎みつづけるのは苦痛であるし、疲れてしまうからである。心のどこかで許す契機や理由を探したりもするのだ。

したがって、『許される』フェーズの課題は、契機や理由を根気を持って提供しつづけることだ。種元毅さんのようなケースなら、毎月の命日や祥月命日がカギとなる。目立たないように、日の出の時刻に駿ちゃんの墓前におもむき、墓石の清掃をするのも一手だ。いつの日か、早起きの和尚が気づいて、遺族に知らせてくれるだろう。ただし、最低でも三年間、月命日を欠かさないくらいの覚悟が必要だが……。

『許される』フェーズが完了しても、油断をしてはいけない。人は些細なことで怒りがぶり返すことがあるからだ。したがって、相手が痛みや悲しみを『忘れる』まで、ねばり強くフォローをつづけなければならないのだ。当然ながら、種元毅さんの場合は、一生涯忘れることなどないだろう。ならば、種元毅さんご夫婦が亡くなるか、自分が死ぬまでフォローをつづけなければならないのである。

★許されるための謝罪の技のまとめ

長々と謝罪の技の総論（要点）をのべてきた。ここらでいったん整理をして、各論（手順）に移らせていただこう。

謝罪を成功させるには、

◇『変化する罪』や『悪意なき罪』などのように見えにくい罪に注意して、犯した罪を正確に認識してから臨まなければならない。
◇罪を償って被害者を救済することを目標と定めて、それを達成する最短の道を走って行かなければならない。また、償いの程度を決めるには、『エネルギー一定の法則』を参考にすると良い。
◇『癒す』『腑に落ちる』『許される』『忘れる』の四つのフェーズがあることを前提に、急がず・あわてずを肝に銘じて勇気を持って臨まなければならない。
◇他社や他人の事例を『対岸の火事』とせず、『他山の石』としなければならない。そのためには、つねに疑似体験を積んでおくこと。

以上の四点を心にきざんでおくことが重要である。

（その二）謝罪の各論（手順）

私はこの項の冒頭で『危機管理には手順書という意味でのマニュアルは存在しない』と明言している。したがって、私はこれから謝罪の手順を書こうとしているが、これはマニュアルではないのでご承知の上でお読みいただきたい。

別な言い方をすれば、「この手順で謝罪を行っても許してもらえる保証はどこにもない」ということだ。しかし、「この手順を踏まないようではまったく話にならない」ことも断言しておきたい。数学的な表現をするなら、この手順は許しを得る十分条件ではないが、必要条件ということである。

★手順①目による事実の確認

正確な情報が把握できていない状態での謝罪の弊害は、第一章でご紹介した数々の失敗事例が如実に物語っている。釈明が二転三転したダスキン、記者会見で新事実が飛び出した雪印乳業や三菱自動車、悪くもないのに詫びて損をした日本航空、などが典型的なケースである。直近では、パロマやシンドラーがこれに該当する。

二〇〇四年八月九日に起きた、関西電力美浜原子力発電所（福井県）の蒸気噴出事故のおりにも、情報は錯綜《さくそう》した。記憶に新しい事故なので詳細ははぶくが、朝日新聞が掲載した見出しがすべてを物語っている。「関電の会見、二転三転」（八月十日・夕刊）、「3社、なすり合い」（八月十一日・夕刊）、というようにきわめて辛辣なもの。同社の藤洋作社長は遺族の自宅前で土下座までして見せたが、情報開示の失敗が謝罪を台なしにしたのは明らかだ。

多くの企業が情報入手に失敗するのは、収集を耳に頼っているからだ。トップが現場へ急行せずに、電話や部下からの報告で済ませているのだ。医者が患者を診ずに、電話や家族の伝言だけで診断や治療をするのと同じだ。愚かと言うしかない。

手術を恐れる患者は本当の症状を隠し、落胆したくない家族は希望的観測をまじえて話すものだ。問題を起こした現場もまったく同様に、正確な報告は上げてこないと覚悟しておく必要がある。私はこれを「現場とは必ず嘘を言うもの」と称して、危機管理の場面におけるトップへの警鐘としている。

これを裏づける格好の事例もある。二〇〇〇年八月、ブリヂストンの子会社ブリヂストン・ファイアストンが、米国でタイヤが破裂する問題に見舞われた。フォードのエクスプローラーに搭載されたタイヤがバーストして、全米で百三人もの死者と四百人以上の負傷者を出してしまったのだ。親会社であるブリヂストンの海崎洋一郎社長（当時）は、後に事件を振り返って次のように語っている。

「（現地の小野正敏会長から）タイヤに問題はありません、大丈夫です、と報告を受けた。その時にこの件をおしまいにしたのが、今にして思うと失敗だった」（日経ビジネス・二〇〇〇年十月二日号）

現場の嘘にまどわされない方法は、情報を耳だけではなく目で取ることだ。トップが直接現場におもむくのが一番だが、できなければ腹心を派遣するのでもよい。「百聞は一見に如かず」という『漢書』の言葉を忘れてはならない。

私自身も情報は必ず目で取るようにしている。食品の産地偽装をした企業のコンサルテーションをする場合には、とくに徹底して行っている。仕入れの台帳と納入の台帳を、必ず見せてもらうことにしているのだ。なぜならば、社長をふくめ、偽装をした張本人は、判で押したように私にも嘘を言うからだ。「バツが悪くて本当の数量は言いにくい」だけのことだろうが……。

国産の肉の仕入れが六十トンで納入が百トンなら、輸入肉の混入すなわち偽装の量は四十トンとなる。ところが彼らに聞くと二十トンと答える。理由を追及すると、レストランに納入した肉には「国産」と表示していないから、偽装ではないと答えるのだ。「それならレストランに出した見積書を見せて下さい」と言うと、シブシブながら持ってくる。見れば、はっきり「国産」と書いてあるのだ。どうやら、一般消費者に販売したものだけを偽装と主張したいらしい。

けっして怖い存在でもないコンサルタントにさえ嘘をつくのだから、人事権をにぎる怖い上司に本当のことは言えないだろう。しかし、間違った情報を前提にした謝罪ほど危ういものはない。嘘と隠蔽の疑いを持たれるか、きわめてズサンな管理状態とみなされて、被害者やマスコミの神経を逆撫でしてしまうからである。

繰り返しになるが、情報は目で取って真実を確認の上、謝罪に臨んでいただきたい。

★手順②過去を批判的に顧みる『反省』

広辞苑で『反省』という言葉を引いてみると、「自分の行いをかえりみること」と「自分の過去の行為について考察し、批判的な評価を加えること」の二つがしるしてある。前者はたんに顧みるという意味だが、後者は己に批判的な目を向ける、というニュアンスをふくんでいるのだ。

企業や個人が危機管理とりわけ謝罪に取り組む場面で、私は後者の『反省』が不可欠だとつねに語っている。私自身が苦い経験をしているからである。

思い起こせば十八年前（一九八八年）、朝日新聞がリクルートの未公開株譲渡を報道したとき、私も前者の『反省』をしてしまった。「未公開株の譲渡なんて、どこの企業でもやっているじゃないか」と。今にして思えば、あのときに「待てよ、未公開株の譲渡も問題なのかもしれない」と批判的な考察をしておけばよかったのである。

後になって気づいたことであるが、未公開株の譲渡は戦後の資本主義が生んだ『賢者の石』であり、リクルートは錬金術師と目されたのだった。「物質を金に変え、万病を治してしまう石などあるはずがない。いや、あってはならない。ならば、紙切れが大金に化ける『値上がり確実な株』など、あってはいけない。それを大量に売り歩く錬金術師のような企業も放置できない」というのが、朝日新聞の指摘だったのである。

背景として、バブル経済の波に乗って、悪徳政治家や暴力団が株式市場を跋扈《ばっこ》しはじめていたことも見逃せない。政治家の名前を冠した○△銘柄というような仕手株も出没し、政治献金の規制などなんの意味もなくなっていた。なかでも未公開株の譲渡は、合法的な裏献金として重宝がられていたのだ。時代は、明らかに一罰百戒を求めていたのである。

一方で、戦後の民主主義の歪《ゆが》みは、随所に不公平をもたらしていた。政治家と企業の癒着、官僚と企業の癒着、政治家と官僚の癒着などが、税金の無駄遣いや贈収賄の温床となっていたのだ。その反動から、「公正と公平」を求める声は日増しに高まっていた。まさに未公開株のような、一部の人間しか入手できないものは、社会からしめ出される環境になっていたのである。

そのことに、もう少し早く気づくためには、過去に批判的な評価を加える姿勢が必要だった。悔やんでも悔やみきれない、私の危機管理における最大の失敗であり汚点だ。だからこそ、私は口を酸っぱくして『過去を批判的に顧みる反省』を語るのである。

前項の総論で『はじめに罪の認識ありき』と書いたが、過去を批判的に顧みることによって、罪も徐々に見えてくるものだ。なにを問われているのか、なにが悪かったのか、だれにどんな迷惑をかけたのか、が浮き彫りになってくる。これを明確に認識できなければ、謝罪のピントはボケたままとなり、いつまでも許されることはないのである。

★手順③本当の『後悔』

リクルートの未公開株の譲渡が有罪とされた理由の一つは、譲渡した相手に購入資金まで融資していたところにある。しかも、融資したのがファーストファイナンスという同社の子会社だったことがマズかった。これでは、たんなる経済行為としての株取引とはみなしてもらえない。当時、リクルートの社内では、「融資までしたのはマズかったな」という声が随所から聞こえてきた。子会社から融資までしたことを後悔していたのだ。

有罪とされたもう一つの理由は、早い段階で譲渡した未公開株に加え、店頭公開の直前に譲渡した〝還流株〟の存在だった。公開が一九八六年十月三十日で、還流株の譲渡は一九八六年の八月と九月だから、まさに直前。「値上がり確実」「濡れ手に粟」とされた所以である。やはり社内では、「還流株はマズかったな」と後悔しながらささやき合ったものだった。

この二つの後悔は、よく考えてみると本質的な後悔ではなく、表面的な後悔にすぎないと言えよう。浮気がバレた亭主が、「口の軽い女はマズかったな」とか「目立つホテルに行かなきゃよかった」なんて後悔するのと同じだ。本来ならば、「家庭を崩壊させるようなことをするべきではなかった」と後悔すべきだ。私をふくめたリクルートも、「公正と公平を欠いた行為によって日本の政治と資本市場の信頼をそこねてしまった」と悔やむべきだったのであろう。

後悔の的がはずれていると、再発防止策も奇妙なものになってしまう。リクルートなら、「今後、未公開株を譲渡するときには融資はしません」とか「還流株は譲渡しません」になる。浮気亭主なら、「口のカタい女にします」とか「有名ホテルには行きません」となる。どちらもけっして許してもらえないだろう。

謝罪には本当の『後悔』が欠かせないのである。

★手順④正直な『懺悔』

『懺悔《ざんげ》』と言うと、キリスト教の宗教的な香りがしてしまうが、謝罪においても効果は絶大だ。罪悪を自覚した人間の告白を聞けば、人は心をゆさぶられ、怒りが癒されるからである。癒され、腑に落ち、許される、というフェーズの展開については、前項を思い起こしていただきたい。

逆に、懺悔の不十分な謝罪が受け入れられないことは、第一章の失敗事例が物語っている。『嘘と隠蔽をふくむ謝罪』『曖昧にボカした謝罪』『役者不足の謝罪』でご紹介した事例のすべてが、これに該当している。不十分を広い意味でとらえるなら、『言い訳や反論まじりの謝罪』『遅い謝罪』『足並みの乱れた謝罪』などもふくめるべきだろう。すなわち、失敗の大半が不十分な懺悔の罪を犯していると言っても過言ではない。

その例は枚挙にいとまがないほどあるが、典型的な事例としてはワドル艦長だ。二〇〇一年二月十日、ハワイ・オアフ島沖で「えひめ丸」と米海軍の原子力潜水艦「グリーンビル」が衝突した。「えひめ丸」に乗船していた宇和島水産高校の九名の実習生が死亡したが、「グリーンビル」のワドル艦長は事故原因について最後まで懺悔をしなかった。

奥さんと手をつないで登場し、体を九十度に折り曲げて、涙を流しながら謝罪をした。しかし、事故の原因や当時の様子については、最後まで語らなかった。わずかに、一年後になって週刊新潮に登場したが、自慢話が大半で、事故の原因らしき内容は見当たらなかった。

懺悔をしないワドル艦長が、許されるわけなどなかった。その年の十一月二十二日、宇和島水産高校の慰霊碑への献花を表明していた彼は、遺族や校長から拒否されてしまったのだ。「来るなら、その日は宇和島にいない」とまで遺族に言わしめたのである。

北朝鮮による拉致の問題も、懺悔が足りない典型的な事例だ。簡単で矛盾だらけの説明に、被害者の家族はまったく納得する気配を見せていない。当然ながら国民も納得などするわけがないから、世論は北朝鮮にきわめて厳しい。金正日総書記は小泉首相の前では謝罪をしたが、懺悔が不十分なために、まったく許してもらえない状態がつづいているのである。

企業の謝罪会見も、懺悔の手段の一つと考えればよいのだ。冒頭に『被害者への謝罪』をのべた上で、『調査結果の報告』『原因の明示』『改善策の提示』『処分・賠償』を順番に説明させていただく。拙著『企業危機管理　実戦論』でも書いたが、これをならべると『謝・調・原・改・処』となる。

謝罪会見のような緊張する場面に臨むと、頭の中が真っ白になってしまうことがある。そこで私は、悲壮感をただよわせるトップに言う。「〝社長限界でしょ〟を忘れないで下さい」と。思わず吹き出す社長の顔から、少しではあるが緊張がとける。私が謝罪会見すなわち懺悔の成功を確信する瞬間である。

★手順⑤処分と賠償による『贖罪』

『贖罪《しょくざい》』という言葉も宗教的ではあるが、「犠牲や代償を捧げることによって罪過をあがなうこと」と広辞苑にある。しかし、私は「まずは犠牪を捧げて、足りなければ代償を捧げる」と勝手な解釈を加えて、企業のトップに伝えている。

なぜならば、問題を起こした多くの企業は、犠牲よりも代償を優先させようとするからだ。「お金で解決するのなら……」と安易な選択をしたくなるからだろう。第一章でご紹介した西友も、処分は口にしたものの、代償のほうがはるかに目立つ内容だった。本来ならば、逆にしなければならないケースだ。

試験問題漏洩のトヨタの事例を振り返ってみよう。同社のトップが表明した報酬の自主返納は、犠牲と言えるほどの内容なのだろうか。大方の見方は「お金に困っている人たちではないから、さして痛くもないのではないか」といったところだ。では、代償として見たらどうなのか。被害者は前述したように消費者や整備士である。自主返納された報酬は、トヨタに蓄積されるだけで、消費者や整備士には還元されない。されたとしても、微々たるものだ。これを代償と言えるのだろうか。

こうして見ると、犠牲とは痛みをともなったものでなくてはならず、その痛みは被害者の痛みと同等でなくてはならないことが分かる。被害者というのは、固唾《かたず》を飲んで加害者の犠牲や代償を見つめるものだ。その目の存在をけっして侮《あなど》ってはならない。

六本木ヒルズで幼い子供の死亡事故を起こした森ビルは、五カ月が経過した八月の時点でも厳しい処分を発表していない。シビれをきらしたのか、遺族は八月十一日に記者会見を開いて以下のようにのべている。

「以前から同種の事故が多発していたのに安全対策を取っておらず、明らかに人災だ」「涼が生きていたときの生活リズムを取り戻すのに苦労している。妻は今も涙に

くれている。妻を見ていると自分も気が変になりそうだ」（朝日新聞・二〇〇四年八月十二日）

十分な贖罪なき謝罪はまったく効果がなく、いつまでも終わらないことを示唆している。

第三編　謝罪を支える『体』制を整備せよ

〝裸の王様〟海老沢NHK会長

スポーツ選手なら、心をきたえ、技をみがいたら、最後に残るのは肉体の改造だ。ただし、本書は謝罪に関する著述なので、肉体とは体制のことを意味する。すぐれた名選手が加齢による肉体の衰えとともに消えていくように、企業も古くなって体制がくずれると危機管理は成功しなくなる。当然ながら、謝罪もうまくできなくなるのだ。

あくまでも一般論だが、人は加齢とともに頑固になり、成功とともに自信過剰におちいる。その結果、他人の言葉に耳を傾けなくなり、耳障りな発言をする人間を排除してしまう。すると、それを察した周辺は、なにも言わないほうが得だと考えるようになる。それどころか、ご機嫌取りが集まって、絶対服従を競うようにまでなるのだ。こうして誕生するのが『裸の王様』である。

第一章でご紹介した企業のなかにも、たくさんの『裸の王様』がいるのは、みなさんもお気づきの通りだ。首を傾げたくなるような謝罪の言動も、根底にあるのは体制の不備だから、何度でも同じ失敗を繰り返してしまう。失敗するたびに人を入れかえるから、ますます体制が崩壊していくのである。

こんな悪循環から脱却するには、耳障りな発言をする人材を、今一度集めるしかない。ただし、折紙つきの『裸の王様』に対抗するには、とても一人や二人では間に合わない。上下左右すなわち全方位からの忠告や進言が必要だ。

あなたの会社に、そしてあなた自身にも、そろっているかをチェックしていただきたい。不幸にして誰の顔も浮かばないようなら、間違いなくあなたの会社のトップは、そしてあなた自身も、謝罪のできない『裸の王様』だと思っていただきたい。

第一条　異分野の師を持て

どんなにすぐれた経営トップも、会社のすみずみにまで目がとどくわけではない。したがって、問題が発生した当初は、文字通り『寝耳に水』の状態からスタートする。驚くと同時に腹をたててしまい、「現場の責任者はなにをしていたんだ⁉」と叫びたくなる心境におちいる。なかには、「よりによってなんで俺が社長のときに、こんな問題が起きるんだ」と被害者意識すらいだく御仁もいる。

怒りと被害者意識の権化と化した経営トップを、被害者や社会へ謝罪をする心境にまで誘導するのは、並大抵の説得力ではおぼつかない。まして、引責辞任まで決意させるのは、なにをか言わんやだ。したがって、部下や友人の手に負える作業ではない。

こういうときに登場してほしいのが、経営トップが信頼して敬愛する師である。社会の原理・原則を知り、人間への洞察力に長《た》け、ゆるぎない信念を持つ人、のことだ。そんな人でもあらわれないかぎり、経営トップの翻意は難しいだろう。

残念ながら、現代社会には師と呼ぶにふさわしい人物が少なくなっている。政治・経済・文化と見渡しても、どの分野にもご意見番と呼ばれる人が減っているのだ。中学や高校から〝番長〟が消えてしまったのと同じ現象だ。

十年近く前に亡くなられたが、グラフィックデザイン界の大御所・亀倉雄策先生は師と呼ばれた方だった。東京オリンピックのポスターの制作者で、私が勤務したリクルートやノエビアも会社のマークをデザインしていただいた。私の在籍中にノエビアの銀座本社の建設も監修していただいたが、同社の大倉昊《ひろし》社長は、デザインの分野にかぎらずアドバイスを受けておられた。まさに人生の師であり、経営の師でもあったように見受けられた。

異分野にありながらも、卓抜した洞察力は経営の問題をも看破できたのだろう。否、異分野だったからこそ、ちがった視点や自然体での観察が可能だったのかもしれない。ここに師を探す道しるべがあるように思えてならない。小説ではあるものの宮本武蔵も沢庵和尚や愚堂和尚を師とあおいだが、不思議なことに剣術の師は登場してこない。本阿弥光悦という書や陶芸の大家から、剣術のヒントを得たりしているのだ。

考えてみれば、同業の先輩というのはライバルでもあるし、どこかで利害もからむ可能性がある。したがって、素直な気持ちで、なんの疑いも持たずに耳を傾けるのは無理なのかもしれない。ならば、異分野で探すほうが無難なのだろう。

ただし、亀倉雄策先生のように、師は老いているからなくしやすい。みずからの年が重なるほどに、師は減ってしまうものだ。いつの日にか、年下の師を探さなければならなくなる。よほど謙虚な気持ちを持たなければ、見つからないだろう。その謙虚さを持つことこそ、謝罪を成功に導く第一歩とも言えるのである。

第二条　直言してくれる部下を育てよ

「部長にガツンと言うたった♪」なんて缶コーヒーの宣伝があるが、この種の部下をして『直言してくれる部下』とは呼ばない。たんなる非常識な文句タレだが、部下も上司も勘ちがいしている人は案外に多いものである。

直言とは不満や反感をぶつけることではなく、必要なときに間髪をいれずに鋭い指摘を直接言うことだ。両者のちがいは、発言の目的にある。前者は己のストレス解消が主たる目的であり、後者は会社や上司の危機回避が目的だ。当然ながら、後者のほうが崇高な目的を持った行為と言えよう。

企業が危機に直面すると、誰もが判断力に自信が持てなくなり、発言をひかえるか曖昧な表現をするようになる。その結果、意思決定は遅くなり、判断が二転三転する。業をにやしたトップは、独断専行をするようになって、奈落への道を歩みはじめてしまう。

よくあるパターンだ。

こういうときに登場してほしいのが、直言してくれる部下である。社内の力関係や人間関係に精通し、起こした問題の背景や歴史も把握している。トップの人間性やクセまで掌握しているから、最適なアドバイスの仕方も知っている。とても社外の人間には真似ができないのだ。

しかし、残念なことに、直言してくれる部下も師と同様に減っている。第一の原因は、社員の企業に対するロイヤリティの低下だ。終身雇用や年功序列をくずしておいて、これまで通りの忠誠心を求めるのはムリと言わざるをえない。

第二の原因は、直言を受けいれられるほど懐の深い上司が減っていることだ。直言どころか、グチすら聞いてやろうとしない。部下に無関心だから、人間関係も稀薄になってきている。何も上司と部下にかぎったことではない。親と子、教師と生徒、などもまったく同じだ。日本の社会全体の傾向でもある。

したがって、直言してくれる部下は待っていてもあらわれない。素質のある社員を探して、育てなければ存在しえないのだ。企業グループの将来を憂い、会社の行くすえを案じ、捨て身の覚悟を抱いた部下を、あなたは持っているだろうか。いや、持とうとしているだろうか。この問いにとまどうようでは、あなたの謝罪は危ういと言わざるをえまい。

第三条　専門知識の社外スタッフはあくまでも専門性で選ぶ

どれほどすぐれた頭脳を持つ経営者でも、六十歳を過ぎてから弁護士や公認会計士の資格を取るのは難しい。よしんば取ったとしても、実務の経験があさく、判決の歴史を知らなければ、的確な判断を下すのは困難である。

だからと言って、有名な弁護士や公認会計士を雇っても、磐石な体制とは一概には言えない。なぜなら、彼らにも得手不得手や実務経験の多寡があるからだ。

医者にたとえてみると分かりやすいだろう。あなたの奥さんや娘さんが、「目の具合が悪いから、近所の産婦人科へ行ってきます」と言ったら、あなたは反対するはずだ。「専門の眼科で診てもらいなさい」と助言するにちがいない。

実際には、医者は医師免許を取得しているから、産婦人科医が目の治療をしてもなんら問題はない。しかし、重篤な病の治療は、専門医にまかせるのが常識だ。同じように、弁護士も弁護士資格を有するのだから、民事であろうと刑事であろうと構うことはない。しかし、危機管理のような重大な局面では、些細な判断ミスが命取りになりかねない。

したがって、得意分野を慎重に調べた上で、最適な弁護士を選んでいただきたい。ただし、弁護士の多くは謝罪がけっして得意ではない。公認会計士もまたしかり。先生と呼ばれる偉い方が多い上に、みずから謝罪した経験もとぼしい。したがって、法的な根拠や、法廷闘争のゆくえを聞くのはよいが、謝罪について判断をゆだねるべきではない。「後々、裁判に不利になるから……」と、謝罪を阻むケースも多々見かける。それがアダとなって、マスコミから袋叩きにされた事例も少なくないのだ。

専門知識の社外スタッフは、あくまでも専門性で選び、専門以外のことまでアドバイスを求めない。これが、謝罪をふくめた危機管理の鉄則である。

第四条　傍目八目のブレーンを近づかせすぎない

私は危機管理のコンサルタント業をはじめて十年になるが、幸いにも失敗によって契約を解除されたことは一度もない。前述したように、リクルート未公開株譲渡事件のおりには、罪の認識が遅れるというミスを犯した。ところが、今は犯さない。

たしかに、当時の経験を反面教師として習得したノウハウは活かされている。多くの他社事例を疑似体験してきたことも、判断の助けになっている。しかし、正直なところ、一番大きな理由は、傍目八目《おかめはちもく》という立場から、全貌を俯瞰《ふかん》できるところにある。

ただし、傍目八目をつづけることは簡単ではない。大きな危機に直面すると、渦のなかに巻きこまれてしまうからだ。当事者意識を強く持ち、その会社への思い入れをしなければ、危機管理のアドバイスなどできようもない。当事者よりも真剣に考えなければ、当事者を上回る判断など不可能なのだ。結果、渦中の人になって、俯瞰できなくなるのである。

したがって企業の側も、傍目八目のブレーンを置いても、つねに一定の距離を保たなければならない。ボクシングにおけるセコンドと同じだから、リングのなかにまで引っ張り込んではいけないのだ。

具体的に言えば、多額の契約金を支払うのは厳禁だ。契約を失うことを恐れて、厳しい言動をひかえるようになるからだ。飲酒やゴルフのつきあいも、ほどほどにしておかなければならない。親しみが邪魔になって、冷徹な判断を下せなくなるから。親しい人間に、「辞任したほうが良い」とは言えないのが人情というものだから……。

すぐれた傍目八目のブレーンとは、みずから企業と距離を置きつづける人。うまく傍目八目のブレーンを使える企業とは、ブレーンを近づかせすぎない会社のことである。

第五条　茶坊主を排せ

大所高所から叱ってくれる師、足元を照らしてくれる部下、専門知識で補足してくれるスタッフ、客観的な目で補佐してくれるブレーン、これがそろえば守りは磐石である。ただし、茶坊主がいなければの話だ。

どこの会社にも茶坊主は生息しているが、とりわけ絶大な権力者の周辺には住みつきやすい。権力者の懐の内は安全で居心地がいいし、権力者の側も便利な茶坊主をほしがるからである。

この茶坊主にとって、前述した『師・部下・社外スタッフ・ブレーン』は、ときとしてライバルとなる。とりわけ、権力者の進退問題においては、敵にすらなりかねない。己の住処《すみか》を守らんがために、謝罪や辞任を阻害しようとするからである。

「あなたが辞任したら社内は大混乱する」とか「あなたが辞任したら銀行をはじめ社外からの信用を失う」だの、脅しともお世辞とも取れるような心憎い言葉を吐くのだ。「あなたが辞任したら私が大混乱するし、力を失ってしまう」というのが本音にもかかわらず……。

したがって、体制を整備するかたわら、茶坊主を排除しておくことも大切だ。茶坊主を置くことは、高性能なベッドを買っておきながら、使いなれたセンベイ布団をその上にしくようなもの。日本の多くの家庭で見られるが、絶妙に科学されたスプリングの力が、すべてセンベイ布団に吸収されてしまうから要注意だ。

第三章　謝罪の分水嶺

こうして書きつらねていくと、読者のみなさんは「とにかく低姿勢でなんでも謝罪してしまったほうが良いにちがいない」と勘ちがいされるかもしれない。たしかに、謝罪しないよりも、したほうが無難ではある。ただし、謝罪には処分や賠償という重い十字架がついてまわる。これを避けると、「口先だけの謝罪だ」と批判されてしまうから危ない。こうした事例は枚挙にいとまがないほどだ。不祥事を起こした企業のトップが逃げ回ったり、迷いをいだいたまま謝罪会見に臨む理由がここにある。

実際、多くの経営者が謝罪の記者会見では〝迷言〟を残している。防衛庁への水増し請求事件で辞任したNECの関本忠弘会長（当時）は、「これは引責ではなくケジメだ」と発言して、厳しい批判をあびた。西武鉄道の堤義明会長（当時）も、総会屋への利益供与事件による辞任の記者会見で、「道義的な責任を取って辞める」と発言して顰蹙《ひんしゅく》を買った。

両者は取締役会の会長なのだから、傘下にある取締役が逮捕までされたら引責辞任が当然だ。

ケジメだとか道義的な意味での辞任では、甘いという印象が残ってしまうからである。

一方、前述したが、日本航空の兼子勲社長のように、謝罪する必要のない場面で謝罪をしたために、思わぬ損をしたケースもある。

損と言えば、事務用品の宅配販売業者・アスクルを思い出す。同社は顧客名簿が記憶されたパソコンが盗まれた際、システム開発を担当した日立製作所と連名で謝罪広告を新聞各紙に掲載した（二〇〇三年十月二十九日）。けっして悪いことではないが、企業の住所や電話番号程度の情報なら、顧客へのお詫びの手紙で済ますのが妥当な線だ。真意ははかりかねるが、ムダな出費のように思えてならない。

ヘタに告知すると、パソコンを盗んだヤカラに悪用を思い立たせる危険性もある。今後、同じような盗難に遭った企業も、横ならび感覚で出さざるをえなくなる弊害もあろう。社会全体の利益を考えると、マイナスの影響のほうが大きかったと言わざるをえない。

こうした事例をならべてみると、謝罪がいかに悩み多い問題であるかが分かる。企業なら、謝罪会見や謝罪広告の掲載をするべきか否か、トップは辞任すべきかどうか。個人なら、被害者宅への訪問や謝罪の手紙などが必要か否か。最後の章では、その分水嶺の総論と各論について論じてみよう。

（一）分水嶺の総論

一般論で言えば、謝罪が必要か否かの判断は、犯した罪の大きさで決めるべきだ。しかし現実には、それだけでは決められない。その理由は、この章を読んでいただければお分かりになるはずだ。

結論から書こう。謝罪の分水嶺は、

Ⅰ責任の大きさと所在　Ⅱ展開の予測　Ⅲ生きざま

の三点によって決まると考えるべきである。

『責任のある最高役職者が、展開の予測をするなかで、生きざまに照らして』必要と思ったら、謝罪をするということだ。

あまりにも抽象的すぎるので、一つ一つを具体的に解説しておきたい。

I　責任の大きさと所在

本人が直接起こした犯罪や事故ならば、自身が執行責任を感じるから、謝罪をするか否かを迷うことは少ないだろう。ところが、部下すなわち他人が起こしたものについては、なかなか素直に謝れない。なぜなら、だれになんの責任があるのかが見えにくいからである。

大企業のトップともなれば、部下の数は数千から数万におよぶ。そのすべての責任を負おうとするならば、いくつクビがあっても足りない。またピラミッド組織になっていて、中間管理職という責任者もいるから、なおさらトップの責任が曖昧になる。

したがって、『謝罪をするか否か、するならだれがするべきか』は、次に掲げる四つの責任の有無を明確にして決めなければならない。見えにくいから要注意である。

●採用責任

従業員が起こした問題ならば、会社にはその従業員を選考して採用した責任がある。その会社の名刺を使用させたという責任、と言ったほうが適切かもしれない。とくに詐欺などの犯罪においては、名刺が大きな役割を演じるからだ。交通事故のような場合にも、被害者の側からすれば、「なんでそんな人間にハンドルをにぎらせたのか」と言いたくなるだろう。したがって、被害者の側から見れば、会社も同じ加害者の岸辺にいるとみなされるのである。

しかし、それが社員ではなくアルバイトなら採用責任は軽くなり、派遣社員ならばなおさらだ。宗教団体の信者とかクラブ活動の部員のように、選考なしで〝来る者拒まず〟の場合には、採用責任はないにひとしい。

また、一般論で言えば、大企業のトップが採用の選考を直接行うことはない。役員面接も、管理部門担当の専務や常務止まりだろう。したがって、トップが採用責任まで問われることは少ない。ただし、すべてを自分で仕切ろうとするオーナー経営者の場合は別である。

●教育責任

採用した従業員を教育するのは、会社や上司の責任である。昨今では、順法精神はもとより、企業倫理や企業の社会的責任まで教えなければならない。

このご時世に、会社が厳しいノルマを押しつけて、従業員の犯罪的行為を後押ししているようなケースも見られる。訪問販売法で摘発されるような会社のことである。教育をおこたっただけでなく、悪い教育までしているのだから、トップや上司の責任は厳しく問われることになる。

警察や自衛隊あるいは体育会系のクラブのような、上意下達の組織も教育責任を追及されやすい。教育できる立場にあるとみなされ、部下や後輩も先輩の背中を見ながら育つと思われているからだ。

しかし、採用責任と同様に、アルバイトや派遣社員については、教育責任までは問われない。

●役職者任命責任

採用責任や教育責任とくらべると、役職者任命責任は格段に重い。当然だ。役職者は決裁権限を持ち、部下の教育をになう立場だ。そんな人間を選ぶには、それ相応の覚悟で臨んでもらわなければ困るからである。

採用責任はないと前述した宗教団体も、信者に役職を与えた瞬間から責任を問われることになる。選んだ責任が発生するからだ。クラブ活動においても同様だ。監督が任命したキャプテンが問題を起こしたら、監督の責任もまぬがれない。

多くのジャーナリストがトヨタのトップに試験問題漏洩の責任があるとするのも、「検定専門委員」を国土交通省に推薦した任命責任があると考えているからだ。加えて、問題を直接漏らした上司というのが、技術・人材開発室長というポジションにいたことも、見落としてはならない。トヨタは、そんな人物を教育の長に任命していたのだから、トップの責任は軽くはない。

多数のリクルート幹部（OBをふくむ）が自社の未公開株売却益を脱税していた問題も、会社の教育責任は言うにおよばず、モラルの低い幹部の任命責任もあると言わざるをえないのである。脱税が一般社員だけで少数なら、会社が謝罪する必要はないだろう。

●管理監督責任

人事権を握るオーナーと取締役会長は、全取締役を管理監督する責任を負っている。社長は全取締役および経営側（大企業は部長以上、中小企業は課長以上）の管理職を管理監督する責任を負っている。その理由は、人事異動および昇進・昇格や昇給・賞与の査定をになっているからである（あくまで一般論であり会社によってことなる）。異動や査定の権利をにぎっているかぎり、管理監督をする義務を負うのは当然だ。

何度も引き合いに出して恐縮だが、トヨタのトップに試験問題漏洩の責任があるとされるのも、もらした技術・人材開発室長が部長職だったからだ。とくに管理部門の部長職は、トップのお膝元で勤務をしているのだ。目が届かないと言うなら、職務怠慢である。

総会屋への利益供与で専務まで逮捕された西武鉄道も、堤義明会長が「道義的責任」で辞任とは不思議な話だ。たんなる管理監督不行き届きの引責辞任だろう。読売巨人軍の渡辺恒雄オーナーもしかり。「道義的」という修飾語は不要なのである。

ただし、純粋な株主という意味だけのオーナーなら、辞任や謝罪の必要はない。

II　展開の予測

なんの責任もない場合にも、謝罪をしなければならないときがある。展開の予測をしてみて、きわめて先行きが厳しくなってきたときだ。神の怒りを鎮めるための「生け贄《にえ》」のようなものである。

「生け贄」すなわち謝罪や辞任が必要か否かは、次に掲げる三つの側面からの考察による展開の予測が肝心である。

●犯した罪の深刻性

罪の深刻性は、社会に与えた不安と憤りの強さに正比例する。一番深刻な罪は、人命を奪うことだ。とくに、お年寄りや子供や女性のような弱者の命が失われたとき、人は大きな不安と憤りを感じる。六本木ヒルズにおける回転ドアの事故が、まさにそれに該当する。雪印乳業の起こした牛乳の食中毒も、赤ちゃんや病人といった弱者が口にするものだけに、不安と憤りがまたたくまに広がったのだろう。

したがって、まず最初に考えるべきことは、だれが被害者かということだ。弱者が被害者ならば、悪い展開を予測しておかなければならないのである。

次に考えるべきは、悪意が存在するか否かという点だ。

愛する家族を乗せる車の欠陥も、意図的に隠されたりすると不安と憤りが倍増する。食品の産地偽装や異物混入も、隠蔽などするから疑心暗鬼を誘発するのである。

この種の問題はきわめて厳しい展開をすることが多く、たくさんの「生け贄」を覚悟しておかなければならない。

●犯した罪の今日性

時代とともに罪が変化することは、先にのべた通りである。食品にはじまった偽装表示の糾弾も、政治家の学歴詐称へと飛び火して、昨今では温泉にまで広がっている。そのうちに、お寺や神社のご本尊の偽装にまで追及の手が伸びるのかもしれない。

冗談ではなく、今日的なテーマにされた罪というのは、きわめて深刻なあつかいを受けることがある。顧客情報の漏洩などが典型だ。けっして深刻な被害が発生していなくても、思いのほか罪だけが重く問われている。

法律の施行や改正が行われた直後にも、罪が一挙に重くなるから要注意だ。男女雇用機会均等法の改正によってセクハラが、PL法の改正によって顧客への暴言が、比較にならないほど厳しい目にさらされるようになったのである。

関西電力の蒸気噴出による四人死亡事故に関して、面白い記事が新聞に掲載されていた。辞任しようとしない藤洋作社長と関西電力の姿勢を揶揄《やゆ》するものだ。

「『信楽高原鉄道事故（一九九一年、四十二人死亡）でも大阪・天六のガス爆発（一九七〇年、七十九人死亡）でも社長は辞めていない』藤を擁護する関電の幹部が口をそろえるのは他社の事故を引き合いに出した、こうした論理だ」（日本経済新聞・二〇〇四

年八月十四日）

関電の幹部が、十三年前と三十四年前の事故を引き合いに出しているのが、じつに印象的だ。人命を尊重する意識が加速度的に高まっていることを知らないのか。原子力発電への監視の目も、動燃の事故、ＪＣＯの事故、東京電力のトラブル隠しによって、様変わりしたことを忘れているのか。まったく、不思議としか言いようがない。

罪の今日性を見落とした企業が、厳しい展開を強いられていることを日本経済新聞の記者からでも教えてもらう必要があるだろう。

●犯した罪の反期待性

犯した罪が同じでも、だれが犯したかによって、批判の程度は変わってくる。飲酒運転や痴漢でも、警察官や教師が犯すと新聞沙汰になる。同様に、有名な自動車会社役員の飲酒運転や、女性向け下着メーカー幹部の痴漢行為も、マスコミの餌食にされる。なぜなら、社会の期待を大きく裏切っているからである。

企業行動憲章でうるさい日本経団連理事が会長をつとめる会社の利益供与、日本のシンボルとも言える企業のリコール隠し、品質管理で名高い会社の国家試験問題のズサンな管理、なども同様だ。

展開が厳しくなることをけっして忘れてはならない。

III 生きざま

雑踏のなかで他人と肩がぶつかったとき、あなたは軽い会釈をするだろうか。渋滞する道路で車線変更をしたとき、あなたはハザードランプを点滅させて謝意を表すだろうか。決めるのは、あなたの道徳心や人柄といった品性なのである。

謝罪や辞任をするか否かも、この品性によって決められる側面を持っている。とくにトップの進退は、人に言われて決めるものではない。みずからが決めることだから、露骨に品性があらわれてしまうのである。

リクルート未公開株譲渡疑獄では、竹下総理（当時）が辞任までしている。一九八九年四月二十五日のことだった。首相官邸で記者会見した竹下氏は、田中角栄元首相の退陣表明の弁を引用して、次のように語った。

「それ（辞任）は（首相に）なった途端から辞任の時期は考えるべきものだ。『ある日ある時、沛然《はいぜん》として大地を打つ豪雨の音に心耳を澄まし、いま自らがその職を辞することによって政局の安定を図りたい』ということを朗読した記憶もある。私も政治家

の進退はかくあるべきだと思っている」（田中角栄元首相の退陣表明は当時の竹下官房長官が朗読）

『生きざま』という言葉をこのんで使った、同氏ならではの気骨あふれる辞任の弁である。

最近の政治家は、女性との変態的な醜聞や、収賄の罪で逮捕されても、辞任はおろか謝罪すらしない。品性のかけらもないといっても過言ではない。

品性を重んじるか否かは、人それぞれの『生きざま』だ。『生きざま』こそが、謝罪の究極の分水嶺であることを強調しておきたい。

(二) 分水嶺の各論

(1) 謝罪会見の分水嶺

記者会見が社会的制裁を受ける場であって、これを回避すると法的制裁が待っていることは前述した通りだ。したがって、法的制裁の可能性の有無が、謝罪会見の一つ目の分水嶺であることは言うまでもないことだ。記者会見を回避した森ビルの社長が、任意の事情聴取を受けていることからもお分かりいただけるだろう。(事故のおよそ十カ月後にようやく会見した)

ただし、法的制裁の可能性がなくても、謝罪会見が必要なときもある。これは、総論でのべた三つの視点(I責任の大きさと所在　II展開の予測　III生きざま)で決まってくる。これが二つ目の分水嶺だ。

一方、記者会見には謝罪とは別に『情報開示の場』という役割もある。マスコミは

『被害の拡大防止』『再発防止』『国民の知る権利に応える』という三つの使命を持って報道をするからだ。したがって、情報を持たないトップだけが出席するのは危険である。記者の詳細な質問に耐えうる幹部も同席させておかなければならないのだ。このロジックを逆手にとって、「くわしい人間が出るべきだ」として逃げるトップもいるが、論外だ。

トップが逃げ出すようでは、マスコミは『被害の拡大防止』や『再発防止』の確証が得られない。トップしか語りえない情報もあるから、『国民の知る権利に応える』ことも完遂できなくなる。だから執拗《しつよう》にトップを追いかけるのである。

したがって、『被害の拡大防止』『再発防止』『国民の知る権利に応える』の三点も分水嶺に加えなければならないのだ。アカウンタビリティ（説明責任）が厳しく問われる時代だからこそ出現した、三つ目の山脈なのである。

（2）謝罪広告の分水嶺

「謝罪広告を出さないと新聞から叩かれるのではないか」とか「謝罪広告を出せば新聞の論調が優しくなるのではないか」などと勘ぐって、高い広告料を支払う企業はあとを絶たない。「他社が掲載したからウチも出さなければ」という横ならび感覚の謝罪広告も、雨後の竹の子のように出現する。無認可の香料が混入したときの食品会社の謝罪広告が典型だ。

わずか十数名の顧客情報が紛失しただけで、大きな謝罪広告を掲載する会社もある。総論で示したように、『生きざま』から決断したのかもしれない。だとすれば、潔癖性あるいは小心者の『生きざま』と言わざるをえないだろう。

新聞広告による告知は、早く不特定多数に知らせることができる長所がある。その一方で、必ずしも全員に知らせることができない短所もある。新聞を読まない人もいるし、広告に目を通さない人も多いからである。

したがって、謝罪広告は『被害の発生が明確で、被害者も特定できず、緊急に知らせる必要に迫られた場合』に掲載するものである。これが謝罪広告の分水嶺だ。逆に言えば、被害が発生する可能性もなく、被害者が特定できて、とくに急ぐ必要がない場合には、別の手段を選ぶべきだろう。

ただし、被害の発生が未知数な場合は、あらゆる可能性を予測しておいて、予防策を講じておくべきだ。とくに、人身や人命に影響をおよぼす恐れのある場合にかぎっては、万全を期すという視点から、謝罪広告を先行させなければならない。

また、被害者から謝罪広告の掲載を強く求められた場合や、怪文書やインターネット掲示板への書きこみが発見された場合には、出す方向で準備をしておく必要がある。

最後に、謝罪広告だけで謝罪が済んだと思いこむのは、きわめて危険な発想であることを付記しておきたい。

（3）処分の分水嶺

処分をするか否かの分水嶺は、総論で示した通りである。ここでは処分の程度について論じてみよう。

もっとも重い処分は「解職」であり、その次が「引責辞任」だ。「道義的辞任」は、実質的な責任を認めていないのだから、処分とは言いがたい。辞任より軽い処分としては、「無期限の出勤停止」、「一時的な出勤停止」、「永久的な減給」、「一時的な減給」がある。ちなみに、「給与の自主返納」は自主的な行為だから処分とは呼ばない。

これ以上多くを語る必要はないだろう。本書で取り上げてきた数々の事例を、この視点で見つめなおしていただきたい。どこの企業が間違っているのか、あるべき処分はなんだったのか、一日瞭然になるはずだから。

（4）賠償の分水嶺

賠償は謝罪の一環として行うが、与えた損害を償うことだ。経済的な損害もあれば、精神的な損害もあるだろう。どちらが欠けても被害者から許してはもらえない。

経済的な損害は、対等の対価を支払うのが原則だ。前述した西友のように、過ぎたる対価は禍根《かこん》を残しかねない。また、賠償を一方的に押しつけるのも考えものだ。ソフトバンクBBによる五百円の金券が、これに該当する。望ましくは、被害者に選択の余地を与えることだろう。何種類かの賠償を提示した上で選んでもらうのだ。選べば被害者の側にも「和解に応じた」という認識が生まれてくるはずだ。冒頭でご紹介した私の三番目の母の「どうしたら良かったの？」という対応に通じる手法である。

精神的な損害は、誠意ある謝罪と厳しい処分によってあがなうべきだ。被害者の負った痛みと、同等もしくは上回る痛みを示さなければならないのだ。それでも足りない場合だけ、経済的な賠償を付加するのである。

被害者と加害者の痛みのバランスこそが、賠償の分水嶺なのである。

第四章　許された実例の検証

この章では、第二章でのべたお詫び術について、数学で言うところの「解の証明」、いわゆる検算を行ってみたい。

そもそも許された事例というのはきわめて少ない。早い段階で許されると、事件や事故として表面化しないからだ。まれに表面化したものがあっても、せっかく穏便におさまったものをむし返されるのは困るから、取材を試みてもなかなか情報が取れない。

そこで匿名を条件に、一社だけご協力をいただいた。そのために、企業のプロフィールは可能なかぎりふせ、一部は意図的に変えてある。したがって、読者のみなさんは「こんな事件や企業あったかな?」と疑問に思われるにちがいないが、どうかご理解をいただきたい。

また、きわめてまれなことではあるが、表面化したもののなかにもお詫びが成功した事例もある。残念ながら、一般の企業ではないが、大いに参考にはなる。しかし、成功した事例にも、欠落や隠された落とし穴がひそんでいるものだ。それも同時に検証してみよう。

お詫び術が多くの企業に浸透して、一般の企業からも多くの成功事例があらわれることを、心から待ち望む次第である。

（一）Ａ食肉の愚直なまでの謝罪会見

その社長から私の事務所に電話があったのは、二〇〇二年の春先だった。雪印食品の偽装騒動が峠をこえたころであり、日本ハムの偽装が発覚する直前という時期だ。食肉の偽装が次から次へ報道され、消費者の不信感と怒りがピークに達していた。

Ａ食肉の社長は、以前に私の講演を聞いたことがあり、懇親会で名刺もかわしていた。熱心に質問をされたので、私も記憶に残っていたが、突然の電話には驚かされた。受話器を伝わってくる声から、かなりあわてている様子がうかがえた。私は直観的に「偽装だな」とさとったが、少し困惑した。

危機管理の仕事は秘密保持が命だから、契約は「一業種一社」が原則だ。しかも、当時の私は、東北地方にある食肉会社のコンサルテーションに忙殺されていた。したがって、Ａ食肉とは契約ができない状況にあったからである。それを率直に伝えようとした。

しかし、社長は「とにかく会ってほしい」の一点張り。こちらの話など、まるで耳に届いていない。依頼というよりも懇願という口調だった。あまりの熱意に押されて、シブシブながら翌日の面会を承諾してしまった。

事務所にあらわれた社長は、思いのほか元気で、笑顔をたやさなかった。白髪まじりの角張った顔からは、還暦あたりの年齢が想像されたが、やつれた表情はうかがえなかった。私は不思議に思いながら、一方的に語られる話に耳を傾けてみた。

案の定、食肉の産地偽装だった。東南アジアから輸入した食肉を、国産と偽って販売していたらしい。県の農林水産部から連絡があって、翌週には査察が入ることになったと言う。社長の表情に反して事態は深刻だった。

私は契約できない事情を伝えた上で、基本的な考え方だけアドバイスすることにした。まっ先に言った言葉は、「罪の認識が肝心です」である。この社長にも「マスコミはあなたを殺人未遂犯として追及しますよ」と予告した。当時は、まだ鳥インフルエンザは流行していなかったので、ニパウィルスに感染したマレーシアの豚の話を引用した。「この肉を国産と偽っていたら販売中止にできませんよね」と詰問すると、社長の顔色がみるみるうちに変わった。『罪の認識』が完了した瞬間だった。

私は一つだけ質問をした。「なぜ偽装をしたのですか。そんなに輸入肉は安いのですか」と。返ってきた答えは意外なものだった。「偽装は国産品が品薄になるからするのです。したがって、みんなが輸入品を仕入れるので価格は高騰しますから、結局は国産品と大差はありません。ただ、予定通りの納入ができないと、流通から何百万円もの罰金が課せられるのです。それが怖くて……」

私を悩ませていたほかの食品の産地偽装とは構図がことなっていた。わずかな差額を得んがための偽装が大半を占めていたなかでは、特殊なケースと言えるものだった。私はコンサルテーションの必要もないとさえ思った。

社長へのアドバイスは簡潔だった。「何もかも正直にマスコミに語って下さい。そうすればマスコミがあなたに社会的な制裁を加えてくれます。同時にあなたも自分に制裁を加えて下さい。彼らが本質的な問題まで究明してくれるはずです。再発防止のために」と。

社長は怪訝な表情を浮かべながらも、「私は殺人未遂犯だから仕方ないですね。今はすべてを正直に話すしか助かる道はないということですね」と己に言い聞かせるかのようにつぶやいていた。そして、「私には食品をあつかう資格はありませんね」「本当に恥ずかしいかぎりです」という言葉を最後に帰っていかれた。その後ろ姿を見ながら、私は安心感を覚えていた。手助けしてあげられない後ろめたさはあったものの、そんなに悪い展開になるとは思えなかったからである。

二週間ほどすると、社長は大量の新聞記事を私の事務所にファックスで送ってきた。地元紙が中心だったが、一面トップや社会面トップで大々的にあつかわれていた。しかし、その論調は思ったほど厳しいものではなかった。「罰金を恐れて偽装」とか「業界全体が偽装か」という見出しで、批判の焦点はA食肉から微妙にずれていたのである。

私は社長に電話をしてみることにした。ひとつ聞きたいことがあったからだった。電話に出た社長は意気消沈した様子で、「見ていただきましたか。厳しいですね。もう恥ずかしくて外にも出られませんよ。私はどうなるんでしょうか」と聞いてきた。「なにを言ってるんですか、ちっとも厳しくないですよ。殺人未遂犯にしては同情的にあつかわれていますよ。ところで、手になにかを持って写っていましたが、あれはなんですか」と切り返すと、「あれは偽装した輸入肉と国産肉ですが、あんな記事でも厳しくないんですかね」と答えた。

私はすべてをさとった。偽装した肉の現物まで手にして、愚直なほど正直に記者会見をしたのだと。食品偽装の罪の重さを正しく認識したからこそできたことだろう。即刻の辞任も発表している。その姿勢が記者の反発心を癒し、本質的な問題へと記者をいざなったわけである。私も逆に教えられた気がした。

（二）石原軍団——名優が演じた見事な謝罪会見

二〇〇三年八月十三日の午後、後世に語りつがれるべき記者会見は名古屋市内のホテルで開かれた。ロケ中に起きた車の暴走事故で、見物客に重傷者を出したことへの謝罪だ。登場したのは石原プロモーションの渡哲也社長と小林正彦専務だ。会場入りする渡社長は、口もとをかたく嚙みしめ、うつむき加減でゆっくりではあるが確実な足取りだった。

謝罪会見は深々と頭を下げながら、「けがをされた方々、ご家族の方々に心より深くおわび申し上げます」という冒頭の言葉ではじまった。八の字にゆがめられた眉の間には深い皺がきざまれ、下にはうつろな表情の目があった。本心から出た表情だろうが、その表現力は一般人では遠くおよばないレベルにあった。

圧巻はつづいて出た言葉だ。

「私たちを支えてくれている大切なファンを傷つけてしまった以上、私たちにはドラマを作る資格はありません。『西部警察』の制作を中止いたします」

という発言に、会見場は一瞬どよめいた。制作中止という突然の重い処分に、記者の側が度肝を抜かれてしまったからである。

テレビで会見の様子を見ていた私は、制作中止もさることながら、「大切なファンを傷つけてしまった以上、私たちにはドラマを作る資格はありません」という言葉に驚かされてしまった。「何という的確な罪の認識だろう……」と感動すらおぼえた。「人を傷つけた」ではなく、「ファンを傷つけた」という表現によって、より罪が重いと主張したのである。「これならファンも感動するだろう。傷ついた被害者もファンの一員なのだから、許す気持ちになるだろう」と私は思った。

少し芝居じみてはいたが、渡社長が小林専務に小声でささやいた言葉も効果があった。「土下座した話は話していいんでしょうか」という声は、マイクをはずしたものの、はっきりと聞き取ることができた。お茶の間の主婦たちが、「あの渡哲也が被害者に土下座までしたのか……」と驚いたのは、言うまでもないことである。

『罪の認識』が的確で、『被害者に対する癒し』が十分で、『処分』が早くて重い、という絵に描いたような謝罪だ。「これなら批判が出ないどころか、逆に評価が上がるかもしれないぞ」と思わざるをえなかった。

実際、『西部警察』の放送予定局だったテレビ朝日の広報によると、記者会見以降の電話やメールは、九十九％以上が「なんとか放送してほしい」という内容だったという（週刊ポスト・二〇〇三年九月五日号）。

ただし、渡社長の謝罪会見が完璧というわけではない。ケチをつける気など毛頭ないが、今後謝罪をする方々のために、あえて指摘しておきたい。

事故の原因について渡社長は記者会見で、「どこかに気持ちの緩みがあったと反省している」と語った。はたして、原因はそれだけなのか。ならば、気を引きしめれば再発の危険性はないことになる。

私は、事故の根本的な原因は別なところにあったと見ている。見物客のいる方向に車を発進させるロケーションに問題があったと推察している。したがって、再発防止策は、車を発進させる方向に見物客を入れないということになる。これならば、同種の事故は起きようがないだろう。

結局、『原因分析』と『改善案の提示』がおろそかにされていたと言わざるをえないが、『罪の認識』と『処分』の的確さが、ほかの欠陥を補ってあまりある状態を作り出したのだろう。いずれにしても、企業には大いに参考になる謝罪会見だった。

謝罪会見の鑑

おわりに

私は「聞くと見るとじゃ大ちがい、見るとするとじゃ大ちがい、するとさせるとじゃ大ちがい」という言葉を口癖のように発する。「(危機管理というのは) 実際に直面してはじめて難しさを知り、理論を知っていても実践は思うにまかせず、己ができても部下にさせられるか否かは別」という意味である。

私は今回、本書を執筆しながら、「すると書くとじゃ大ちがい」という言葉を幾度となく苦々しく嚙みしめていた。日々行っている危機管理のコンサルテーションでは、多くの難題に対して即座に判断を下さなければならない。簡単なことではないが、経験を積むことによってスピードは早くなってきた。しかし、それを文章にするとなると、まったく筆が進まなかったのである。

とくに、第三章の「謝罪の分水嶺」は困難をきわめた。何度か「はぶいてしまおうか」と思ったくらいだ。謝罪をすべきか否かを決定するには、非常に多くの要因を考え合わせなければならない。ところが、そのすべてを書いたら複雑になりすぎて、読み物としてもっとも大切な「分かりやすさ」という価値が下がってしまうからである。

分量的には全体の一割にもみたないが、執筆にかけた時間とエネルギーは三割をはるかにこえた。にもかかわらず、私のなかではいまだに不完全燃焼感が残っている。語りつくせないもどかしさに、己の筆力不足を思い知らされたというのが実感だ。

どうにか書き上げることができたのは、文藝春秋第二出版局局長の松井清人氏のおかげだ。氏は私が週刊文春に『企業危機管理ノート』を連載していたときの編集長である。とにかく人を乗せるのが上手だ。原稿を三度に分けてわたしたが、そのたびに初版部数の上方修正をささやくのだ。そして二年後、今度は「文庫にするから書き直して」と耳打ちされた。心憎いまでのモチベーションである。

コンサルタントという本業を抱える私は、文字通り東奔西走の毎日を送っている。待ったなしの仕事であるため、編集作業を何度も中断せざるをえなかった。それをねばり強くつむいでくれたのが、文藝春秋第二出版局の石橋俊澄氏だ。

不器用な表現しかできないが、この場をお借りして感謝の意をお伝えしたい。そして、繰り返しになるが、最後にお詫びをひと言申し上げておきたい。本書に事例として取り上げた企業の関係者のみなさんに、「不愉快な思いをさせて申し訳ありません」と。

単行本　二〇〇四年十月　文藝春秋刊

文春文庫

そんな謝罪《しゃざい》では会社《かいしゃ》が危《あぶ》ない

定価はカバーに
表示してあります

2006年10月10日　第1刷

著　者　田《た》中《なか》辰《たつ》巳《み》

発行者　庄野音比古

発行所　株式会社　文藝春秋

東京都千代田区紀尾井町3-23　〒102-8008
TEL　03・3265・1211
文藝春秋ホームページ　http://www.bunshun.co.jp
文春ウェブ文庫　http://www.bunshunplaza.com

落丁、乱丁本は、お手数ですが小社製作部宛お送り下さい。送料小社負担でお取替致します。

印刷・大日本印刷　製本・加藤製本

Printed in Japan
ISBN4-16-771711-5

（　）内は解説者。品切の節はご容赦下さい。

佐藤正明
ホンダ神話 教祖のなき後で
本田宗一郎、藤沢武夫は独特の文化をもった国際企業を作り上げた。しかし、宗一郎亡き後、官僚主義や人事抗争がホンダを蝕み始めた。英訳版も話題の大宅賞受賞作。（北方謙三）
さ-30-1

佐藤正明
トヨタ・GM 巨人たちの握手
グローバルな自動車会社の合従連衡、その原点とも言えるのが、'80年代初めのトヨタ・GMの提携交渉だった。両巨人の歴史をさかのぼり、劇的な提携発表までの舞台裏を活写。（佐々木譲）
さ-30-2

佐藤正明
陽はまた昇る 映像メディアの世紀
日本ビクターの一人の男の信念が、ソニーとの死闘を制し、VHSをついにビデオの世界規格に押し上げた。痛快無比・感涙必至の傑作ビジネスノンフィクション。東映映画化。（大林宣彦）
さ-30-3

佐藤正明
望郷と訣別を 中国で成功した男の物語
若き日に欧州でユダヤ商法を学び、苦難の末に中国での経営現地化に成功した男の生き方を通し、日本企業のとるべき道が示される。深圳テクノセンターの今など文庫加筆百十枚。（関満博）
さ-30-4

榊原英資
為替がわかれば世界がわかる
為替の現場には情報収集や整理、交渉の方法論につながる思考のヒントが満載。「ミスター円」が自身の経験から為替市場の読み方と考え方を平易に語る。新章「二一世紀のよみかた」を追加。
さ-42-1

田原総一朗
巨大な落日 大蔵官僚、敗走の八百五十日
バブルの崩壊後に用意された金融ビッグバン。護送船団の主力に君臨してきた大蔵省が、この過程で国を沈めかねない危機を招来する。超エリート集団はどこで過ったのか？（岸井成格）
た-6-14

（　）内は解説者。品切の節はご容赦下さい。

カルト資本主義
斎藤貴男

ソニーと「超能力」、船井幸雄と「労務管理」、生きがい商法「アムウェイ」、京セラ「稲盛和夫」という呪術師……。バブル崩壊後、オカルティズムに傾斜する日本の企業社会を抉《えぐ》る傑作ルポ。

さ-31-1

機会不平等
斎藤貴男

ブリリアントな参謀本部かロボット的末端労働力か。九〇年代以降、財界、官界、教育界が進める階層の固定化。「機会平等」を失いつつある現状を暴露する衝撃のレポート。（森永卓郎）

さ-31-2

梶原一騎伝
夕やけを見ていた男
斎藤貴男

「巨人の星」「あしたのジョー」など、スポ根ドラマ、格闘技劇画の大ブームを巻き起こした天才漫画原作者、梶原一騎。天才の実像と純粋な心根に深く迫った傑作評伝。（永江朗）

さ-31-3

読者は踊る
斎藤美奈子

私たちはなぜ本を読むのか？　斬新かつ核心をつく辛口評論で人気の批評家が、タレント本から聖書まで、売れた本・話題になった本二五三冊を、快刀乱麻で読み解いてゆく。（米原万里）

さ-36-1

モダンガール論
斎藤美奈子

職業的な達成と家庭的な幸福の間で揺れ動いた、明治・大正・昭和の「モダンガール」たちの生き方を欲望史観で読み解き、二十一世紀にむけた女の子の生き方を探る。（浅井良夫）

さ-36-2

人体表現読本
塩田丸男

なぜ「顔が広い」「足を棒にする」などと言うのか。「木で鼻をくくる」「臍で茶を沸かす」など、人間の身体にまつわる表現の数々を各部位ごとにまとめて解説。ことばでからだを知る書。

し-13-4

（　）内は解説者。品切の節はご容赦下さい。

中島みち
がんと闘う・がんから学ぶ・がんと生きる
自らのがん体験を綴った『誰も知らないあした』、友人の闘病を描いた『がん病棟の隣人』、がんで逝った夫の看取りの記『悔いてやまず』のがん三部作に最新の知見を加えた統合改訂版。
な-14-4

中島みち
がん・奇跡のごとく
奇跡的な治癒は存在するのか？「もはや余命いくばくもない」と医師に宣告されたがん患者たち六人の闘いの過程を克明に記録。自らがんと闘う著者が、がん治療の可能性を検証する。
な-14-5

中野不二男
マレーの虎 ハリマオ伝説
戦時中、日本の諜報機関の特命を受け、マレーの密林を駆けぬけた伝説の美青年ハリマオこと谷豊。今もなお輝きを失わぬ神話と謎の生涯を追って、熱帯の半島を旅する。（小山修三）
な-23-2

中野不二男
「からくり」の話
レオナルド・ダ・ヴィンチの水上歩行器、平賀源内のエレキテル、フーコーの振り子をはじめとする古今東西の傑作「からくり」技術から読み解く新発想・新発明・新発見のヒント122。
な-23-3

中野不二男
ニュースの裏には「科学」がいっぱい
「科学」に関する事件や事故の背景はテレビや新聞を見てもさっぱりわからない。科学に縁のない「文系人間」の素朴な疑問にも易しく答えてくれる最先端科学技術の参考書。（舛添要一）
な-23-4

中村紘子
ピアニストという蛮族がいる
西欧ピアニズム輸入に苦闘した幸田延、久野久ら先人たちや、欧米のピアノ界を彩った巨匠たちの全てが極端でどこかおかしい。個性溢れる姿を大宅賞受賞ピアニストが描く。（向井敏）
な-30-1

( ) 内は解説者。品切の節はご容赦下さい。

成毛眞
新世代ビジネス、知っておきたい60ぐらいの心得
IT産業をリードする外資系企業での経営者体験をもとに、新世代ビジネスピープルへの貴重なアドバイスとビジネスのヒントを、みずからの人生論をましえつつ紹介する好著。
な-45-1

成毛眞
新世代ビジネス、知っておきたい四賢人版マーケティングの心得
こんな時代に「たくさん」「高く」売る、その秘密の核心に、松村劭、唐津一、和田秀樹、安延申の各氏に著者が鋭く迫る。マーケティングの本当の意味、その極意。販売のヒントが満載。
な-45-2

長尾三郎
神宮の森の伝説
六〇年秋、早慶六連戦
早慶野球対抗戦百年を経たいまも語り継がれる空前絶後の六連戦の全貌を、安保世代の青春をからませ、フィールドとスタンドからの視点で描いた力作。野村徹(早大監督)との対談も収録。
な-46-1

信田さよ子
アダルト・チルドレンという物語
「生き辛さ」から「らくに生きる」へ。第一線のカウンセラーである著者が、豊富な実例をまじえて贈る、家族関係への新しい提言。現代人の心に潜む問題への処方とヒント。(寺田和代)
の-8-1

野村進
アジア 新しい物語
農夫、不動産屋、神父、柔道指導者……。様々な生業を持ち、各国で奮闘する「アジア定住」の日本人たちの九篇のドラマ。ここには新しい生き方のヒントが詰まっている。(川上弘美)
の-9-1

羽成幸子
介護の達人
家庭介護がだんぜん楽になる40の鉄則
誰にでも突然、身近になる「介護」の問題。祖父、祖母、父、母、姑の五人を看取った主婦が明かす介護のヒントが満載。大変だと思っていた介護が、こうすればきっと〃楽しく〃なる!!
は-26-1

（　）内は解説者。品切の節はご容赦下さい。

東京っ子ことば
林えり子
かつて会話とは、知性と礼節と諧謔の織りなすゲームであった。恥じらいとユーモア、歯切れの良さを持つ東京ことばを、14代つづく生粋の東京っ子が心意気で記した貴重な一冊。（福原義春）
は-27-1

この結婚
明治大正昭和の著名人夫婦70態
林えり子
九鬼隆一、益田孝、伊藤博文に小林一三…。近代化の担い手達が、〝新しい結婚〟を実践したために陥る赤裸々な愛憎劇。七十の結婚エピソードから日本人の結婚観・私生活が見える。
は-27-2

決定版　失敗学の法則
畑村洋太郎
回転ドア事故、不良債権、リコール隠し……。失敗はなぜ起こり、失敗をどう活かすか。全社会人必須のノウハウ「失敗学」を法則化した、畑村流・実践的ビジネス書の決定版。（柳田邦男）
は-28-1

パンドラの箱の悪魔
広瀬隆
オリンピックで儲かるのは誰か。印パの核兵器はいかにして開発されたか。環境ホルモンの戦慄の事実。ホワイトハウスの女性スキャンダル……「現代版」パンドラの箱から飛び出すのは？
ひ-5-3

ニッポン貧困最前線
ケースワーカーと呼ばれる人々
久田恵
ニッポンの貧困は、いまどうなっているのか？　貧困層と直接向き合って福祉事務所で働く、ケースワーカーたちの悩み、怒り、喜びを通して、生活保護の実態に肉薄する。（関川夏央）
ひ-6-3

母のいる場所
シルバーヴィラ向山《こうやま》物語
久田恵
脳血栓で倒れた母を自宅介護して十年、限界を感じた著者は、決断する。母を老人ホームに入れるのだ。そこは恋愛OK、煙草も飲酒も外泊も自由の「高齢者専用長期滞在ホテル」だった。
ひ-6-4

日垣隆
情報系 これがニュースだ
一九九〇年代、湾岸戦争から阪神大震災、ペルー人質事件まで、世紀末ニッポンに起きたミクロからマクロな出来事を、気鋭の作家が様々な技法を用いて描いた傑作ノンフィクション・ルポ。
ひ-12-1

日垣隆
それは違う！
かつて、「週刊金曜日」が世に問うた『買ってはいけない』に真っ向から反論し、世にはびこる人権問題に異を唱え、環境ホルモン、ダイオキシンの疑義をただす。さぁ、一体次は何だ!!
ひ-12-2

日垣隆
敢闘言 さらば偽善者たち
高みからものを言う人は小心者なのだろう。私は小心者を憎みはしない。私は偽善者を憎む——こうしたスタンスで貫かれたコラム集。世の中が何か変だと思っている方に絶対オススメ。
ひ-12-3

日垣隆
偽善系 正義の味方に御用心！
登校拒否が学校のせい？ あの駄作が名著？ 裁判がヘンだ！ 辛口評論家の正体など、気鋭の論客が、まだまだこの国にはびこる「偽善系」を激しく撃つ刺激的評論集。怒れ、日本人よ!!
ひ-12-4

日垣隆
エースを出せ！ 脱「言論の不自由」宣言
「裸の王様」を討て！ 息もたえだえ「天声人語」の断末魔。長野県議会の稚拙な〝戦略〟。反省なきNHKの〝やらせ〟体質。新潮ドキュメント賞受賞者が返り血覚悟の渾身のメディア批評。
ひ-12-5

福田恆存
私の國語教室
「現代かなづかい」の不合理を具体例を挙げて論証し、歴史的かなづかひの原理を語意識に沿つて解説しながら、国語問題の本質を論じて学界、論壇、文壇に衝撃を与へた不朽の名著の復刊。
ふ-9-3